本书是2018年上海市哲学社会科学规划中青班专项课题《收入分配视角下农民共享经济发展成果的制度安排研究》（2018FZX015）的最终成果

知库

经济与管理

——

农民共享经济发展成果的制度安排研究

基于收入分配视角

潘文轩　著

九州出版社
JIUZHOUPRESS

图书在版编目（CIP）数据

农民共享经济发展成果的制度安排研究：基于收入分配视角／潘文轩著 . -- 北京：九州出版社，2023. 11
ISBN 978 - 7 - 5225 - 2418 - 4

Ⅰ.①农… Ⅱ.①潘… Ⅲ.①农民收入—收入增长—研究—中国 Ⅳ.①F323.8

中国国家版本馆 CIP 数据核字（2023）第 207769 号

农民共享经济发展成果的制度安排研究：基于收入分配视角

作　　者　潘文轩　著
责任编辑　姬登杰
出版发行　九州出版社
地　　址　北京市西城区阜外大街甲 35 号（100037）
发行电话　（010）68992190/3/5/6
网　　址　www. jiuzhoupress. com
印　　刷　唐山才智印刷有限公司
开　　本　710 毫米×1000 毫米　16 开
印　　张　12
字　　数　167 千字
版　　次　2024 年 3 月第 1 版
印　　次　2024 年 3 月第 1 次印刷
书　　号　ISBN 978 - 7 - 5225 - 2418 - 4
定　　价　85. 00 元

目　录
CONTENTS

绪　论

　　党的十八届五中全会首次提出了"共享发展"新理念，之后，党的十九大、二十大均再次强调要坚定不移地贯彻共享发展理念。共享发展的本质是坚持以人民为中心的发展思想，把实现人民幸福作为发展的目的和归宿，倡导发展依靠人民、发展成果由人民共享。一国的发展成果从内容上看，涵盖了经济、政治、文化、社会、生态等各个领域，发展成果由人民共享，就是要使全体人民共享国家经济、政治、文化、社会、生态等各方面建设的成果，全面保障人民在各方面的合法权益。

　　共享经济发展成果是发展成果由人民共享的主要内容与表现之一。在整个共享发展体系中，对经济发展成果的共享是最具基础性的，也最容易被人民所直接感受到。不过，对于共享经济发展成果的具体含义，学界尚未做出较明确的界定，也鲜见详细的阐释。著者认为，可以从经济活动四环节入手来理解共享经济发展成果的内涵。经济活动包括生产、分配、交换、消费四大环节，四环节相互联结形成不间断的循环运动。就一个单独的循环过程来看，生产是起点，消费是终点，生产的根本目的是满足人们各种各样的消费需求，而分配和交换则构成了联结生产与消费的中间媒介。人民共享经济发展成果，主要是通过分配与消费两个环节表现出来的——从分配环节来看，居民在按劳分配与按要素分配相结合①的分配制度下获得各类收入，收入水平高低直接反映居民共享经济发展成果的程度。从消费环节来看，消费包括私人消费与公共消费。私人消费是通过消费私人产品和服务满足个人生活需要的行为，它是居民共享经济发展成果的一种直观体现，也是衡量居民共享经济发展成果状况的重要依据。影响私人消费的因素众多，而收入是具有决定性作用的关键因素。此外，公共消费中直接关乎民生的各种公共服务（如义务教育、公共卫生、公共文化等）也是居民共享经济发展成果的一种方式。综上，居民共享经济发展成果可以归结为居民获得收入与享受公共服务两方面内容，收入分配与公共服务是共享经济发展成果的两大实现形式。本书主要从收入分配角度来研究共享经济发展成果问题。

正确理解共享经济发展成果的内涵，还需特别注意如下几个要点：第一，就共享的覆盖面而言，共享是全民共享。应努力使人民群众普遍从经济发展中受益，而不能仅仅只是部分人享受利益，更不允许出现为了少数人经济利益而牺牲大多数人经济利益的情况。第二，共享是建立在共建基础上的，共建是共享的前提条件。没有共建，共享就会成为无源之水、无本之木。所以，要充分调动全体人民参与经济建设的积极性，形成人人参与、人人尽力的局面，鼓励人们通过为经济发展作出贡献而获得相应的利益。第三，共享是效率和公平的有机统一。在市场经济中，由于不同人参与经济发展的程度不同，为经济发展作出的贡献也不同，因此共享经济发展成果必然是一种有差别的共享，而不可能搞平

---

① 按劳分配与按要素分配（更准确的说法，应该是按生产要素贡献分配或生产要素按贡献分配）相结合是针对中国而言的；对于西方资本主义国家，则是按生产要素分配。

均享有，否则必然损害经济效率。但另一方面，高度重视社会弱势群体利益是共享发展的内在要求，在分配经济成果时要对弱势群体给予充分照顾，切实保障其基本生活需要，并使他们也能合理共享经济发展的利益，这是社会公平的体现。

农村人口众多是我国的一项基本国情，截至 2021 年年末，农村人口占全部人口的比重，按常住人口计算为 35.3%，按户籍人口计算更是高达 53.3%。即使今后城镇化率达到 70% 左右，也还有 4 亿多农村人口。可见，让农民①较好地共享经济发展成果，是实现经济发展成果全民共享的重要内容。改革开放以来，农民为我国经济现代化建设作出了巨大贡献：我国农民用占世界 7% 的耕地养活了占世界 22% 的人口，农业基础地位不断强化。近年来，谷物、肉类、花生、茶叶等农产品的产量已稳居世界第一位。农业农村在自身发展的同时，也为工业生产提供了大量的原材料，并给工业品提供了广阔的市场。随着城镇化与工业化的持续推进，农村人口大规模地转移到非农业部门就业，成为城镇化建设与二、三产业发展所需劳动力的重要来源。许多实证研究表明，农村劳动力转移对促进经济增长发挥了积极作用，是中国经济发展的重要驱动因素（刘秀梅、田维明，2005；贾伟、辛贤，2010；齐明珠，2014；程名望等，2018）。但总体而言，我国农民在经济发展成果共享中却长期处于相对弱势的地位，未能充分享受到经济发展所带来的利益。从收入分配角度看，城乡居民收入不平等程度一直较高，尽管近年来农民收入增速连续多年超过城镇居民，使城乡居民收入差距趋于缩小，但城乡收入比就目前来看仍处于较高水平。再从公共服务方面看，农村公共服

---

① 在本书中，农民包括农村常住人口和未落户城镇的农业转移人口。

务欠账较多、基础薄弱，虽然近十多年来有明显改善，可相比城镇地区还是有较大差距；无论是覆盖面还是提供标准，农村均显著落后于城镇地区，城乡发展不平衡最突出的依然是公共服务不平衡（韩俊，2018）。《中共中央　国务院关于实施乡村振兴战略的意见》指出，要"坚持农民主体地位……把维护农民群众根本利益、促进农民共同富裕作为出发点和落脚点，促进农民持续增收，不断提升农民的'获得感、幸福感、安全感'。习近平总书记也强调，要'让广大农民平等参与改革发展进程、共同享受改革发展成果'"①。改变当前农民共享经济发展成果不充分的现状，既是贯彻落实共享发展新理念的要求，也是实施乡村振兴战略、做好新时代"三农"工作的需要；让农民更好地共享经济发展成果，有助于城乡融合发展、增进民生福祉，对解决新时代社会主要矛盾、实现全体人民共同富裕具有重要意义，同时也是中国特色社会主义制度优越性的一种体现。收入分配与公共服务是农民共享经济发展成果的两条基本路径，农民主要是通过获得收入以及享受公共服务两种方式来共享经济发展成果的。在本书中，重点探讨的是农民在收入分配环节共享经济发展成果的问题。

农民在收入分配环节共享经济发展成果，与农民收入问题密切相关且有很多共同之处；但是两者之间也存在一定差异，不能简单等同起来。在收入分配视角下探讨农民共享经济发展成果问题，除了分析农民收入水平与收入增长外，还要考虑城乡居民收入分配格局、农民同政府和企业间的分配关系、农民个体同农村集体经济组织与农村合作经济组

---

① 习近平．健全城乡发展一体化体制机制 让广大农民共享改革发展成果［N］．人民日报，2015-05-02（1）．

织间的分配关系、农民收入与农民贡献间的关系等，这样才能体现
"共享"的内涵。也就是说，农民在收入分配环节共享经济发展成果这
一问题，是置于一国经济发展成果分配的背景下来加以研究的，农民与
城镇居民、政府、企业、农村集体经济组织、农村合作经济组织等主体
形成的经济利益分配关系，在农民共享经济发展成果问题研究中居于重
要地位。与之相比较，对农民收入问题的分析，更多是考察农民收入本
身，不一定要基于整体经济利益格局视角考虑农民和其他经济主体间的
分配关系。目前，国内外关于农民收入的研究成果众多，但将收入问题
与共享发展、利益分配直接关联起来进行探讨的文献较少，这为本书的
研究提供了创新空间。

经济发展并不能自动使各类社会群体普遍受益，实现共享发展必须
依靠有效的制度安排。围绕构建促进共享发展的制度体系问题，近年来
学界已开展了一些研究（潘文轩，2015；许艳华，2016；刘晋祎，
2018；李敏，2019）。制度因素在农民共享经济发展成果中也具有重要
作用，要让农民较好共享经济发展成果，同样离不开合理的制度安排。
从收入分配视角来看，各种与农民收入增长和分配相关的制度和政策因
素，均会直接或间接影响到农民共享经济发展成果的状况。事实上，在
探讨和论及农民收入影响因素的现有文献中，已经有不少学者说明了制
度因素的重要性，[①] 这些制度包括农村土地制度、劳动力市场制度、农
业支持保护制度、农村财税和金融制度、农村社会保障制度、农村公共
产品供给制度等。其中，有些制度是从收入初次分配阶段影响农民共享
经济发展成果的，如劳动力市场制度等；另一些制度则主要从收入再分

———
① 限于篇幅原因，不在此对相关文献进行综述。

配阶段影响农民共享经济发展成果，如农村养老保障和最低生活保障制度等；还有一些制度在初次分配和再分配两个阶段均发生作用，较典型的是部分农业补贴政策。由于现有文献较少将农民收入与共享发展关联起来进行探讨，因此，对于影响农民收入的制度因素在农民共享经济发展成果中的作用，特别是在这些因素如何影响农民与其他经济主体的利益分配关系方面，还缺乏比较系统而深入的研究，这成为本书要重点分析的内容之一。

本书以共享发展理念为指导，以农民共享经济发展成果的制度安排为研究对象，基于收入分配视角，紧密围绕"农民从收入分配环节共享经济发展成果中制度安排的作用"这一主线，沿着"理论探讨—现实考察—对策建议"的基本思路开展研究，最终回答"如何通过合理的制度安排使农民在收入分配中更好共享经济发展成果"的问题。其中，理论探讨的重点是说明制度因素是如何影响农民从收入分配环节共享经济发展成果的，由此揭示影响的作用机理；现实考察旨在分析现行制度因素通过收入分配途径对农民共享经济发展成果带来的实际影响，在此基础上进一步剖析其中存在的问题及成因；而在对策建议部分，主要是提出能够使农民在收入分配环节更好地共享经济发展成果的制度优化方案，从而为有关部门制定促进农民增收与共享经济发展成果的政策提供参考。

第一章

收入分配与农民共享经济发展成果间的关系

在研究共享发展的过程中，学界已认识到收入分配与共享发展间的内在关系。裴长洪等学者（2016）提出，收入分配是共享发展理念中重要的组成部分，他们还对共享发展理念下的初次分配、再分配新理念进行了分析；吕健（2016）将收入分配作为共享发展的核心问题加以探讨，认为收入差距的缩小程度决定着共享利益的实现程度；在孙明慧（2017）看来，收入分配制度改革是实现共享发展的重要举措，并为共享发展提供了有利条件；曹嘉伟（2019）认为，应以收入分配制度改革为先导，打造共建共享的新型共享发展模式；张天姣（2021）提出了在共享发展理念下深化我国收入分配制度改革的目标与政策建议。不过，到目前为止，专门论述收入分配与农民共享经济发展成果间理论关系的文献还不多见。本章旨在说明收入分配是农民共享经济发展成果的重要途径，农民与其他经济主体间的收入分配关系以及不同农民群体间的收入分配关系，构成了收入分配环节农民共享经济发展成果的核心问题。此外，本章还将阐释收入分配环节农民共享经济发展成果的意义、原则和条件，并探讨农民在收入初次分配、收入再分配两阶段共享经济发展成果的表现形式及实现机制。

第一节 收入分配：农民共享经济发展
成果的重要途径

绪论中指出，从经济活动四环节来看，居民主要是从分配与消费两个环节来共享经济发展成果的。一国一定时期内（通常以一年为单位）的经济发展成果表现为全社会投入的所有生产要素所新生产出的全部货物和服务的总和（即最终产品）。根据宏观经济学中"产出＝收入"这一等式关系，产出的总价值等于各种生产要素所得收入的总和。农民在收入分配环节共享经济发展成果，最主要表现为通过劳动和资金、土地等要素投入而获得收入的过程，农民收入在国民收入中所占份额的高低，直观反映了农民在收入分配环节共享经济发展成果的总体水平。由于农民获得收入是以付出自身劳动、投入资金和土地等各种生产要素为基础的，所以这实际上也体现了"共建共享"的基本要求。

农民在收入分配环节共享经济发展成果，与在消费环节共享经济发展成果之间是有较强关联性的。农民在消费环节共享经济发展成果，包括消费私人产品与消费公共服务两部分内容。消费私人产品是农民通过在市场上直接购买货物与服务的方式实现的，由于收入是个人消费的最主要决定因素，因此农民收入对农民家庭消费有重要影响。农民在收入分配环节共享经济发展成果的水平，直接关乎其在私人消费方面共享经济发展成果的状况。从这个意义上讲，农民通过消费私人产品共享经济发展成果，在很大程度上取决于收入分配环节农民分享国民收入的水平。另外，农民消费和享受公共服务，也会对农民在收入分配环节共享经济发展成果产生影响，这可以从如下几方面理解：第一，农村生产性公共产品与服务的提供，能起到改善农业生产与农村非农产业经营物质条件的作用，降低生产经营成本、提高生产效率，进而促进农民经营性收入增长；第二，农民获得的教育培训、医疗卫生和就业指导等公共服务，有助于提高农民的劳动素质和人力资本，增强农民在市场上获取收入的能力；第三，农民在享受养老、医疗、最低生活保障等社会保障的过程中将获得转移性收入，增加其可支配收入水平，这实际上也是农民在收入再分配阶段共享经济发展成果的重要体现。

基于收入分配视角研究农民共享经济发展成果问题，不能仅仅局限于收入分配本身，还要关注生产条件的分配，并从生产条件分配与收入分配相关联的角度进行分析。分配有狭义和广义之分：狭义的分配是指对生产结果（即最终产品）的分配，也就是收入分配；而广义的分配除了收入分配外，还包括生产条件的分配，这种分配是先于生产而进行的。西方经济学一般只研究狭义的分配，将生产条件分配作为分配的核心内容加以研究，是马克思主义分配理论的重要创举与鲜明特点。生产条件有客观生产条件与主观生产条件之分，因此，生产条件的分配也包括客观生产条件分配与主观生产条件分配两方面内容。① 马克思在其《〈政治经济学批判〉导言》中明确指出："在分配是产品的分配之前，它是（1）生产工具的分配，（2）社会成员在各类生产之间的分配（个

---

① 客观生产条件也称为生产的物质条件，而主观生产条件又称为生产的劳动力条件。

人从属于一定的生产关系）。"① 生产工具的分配就是客观生产条件的分配，它主要通过所有制与产权制度实现，所有制与产权制度的调整和改革直接影响客观生产条件在不同社会成员间的分配；而社会成员在各类生产之间的分配就是主观生产条件的分配，它以一定的社会形式为社会成员所控制和支配，并通过相应的形式与客观生产条件结合进行现实生产（陈享光，2011）。另外，正如马克思所言："消费资料的任何一种分配，都不过是生产条件本身分配的结果"②，生产条件分配与收入分配之间，是前者决定后者的关系。因此，农民在收入分配环节共享经济发展成果的状况，归根结底取决于农民在生产条件分配中所处的境况与地位。

第二节　收入分配关系：收入分配环节农民共享
经济发展成果的核心问题

农民通过收入分配途径共享经济发展成果，自然涉及农民收入水平与收入增长问题，但我们不能局限在农民收入本身来研究收入分配环节农民共享经济发展成果。其原因在于：共享经济发展成果本质上是一种经济利益分配关系。就收入分配而言，经济利益分配关系具体表现为收入分配关系，这要求我们将农民收入水平与收入增长放在收入分配关系

---

① 中共中央马克思恩格斯列宁斯大林著作编译局．马克思恩格斯选集：第3卷［M］．北京：人民出版社，2012：37.
② 中共中央马克思恩格斯列宁斯大林著作编译局．马克思恩格斯选集：第3卷［M］．北京：人民出版社，2012：365.

的框架中加以考察和认识，收入分配关系由此成为收入分配环节农民共享经济发展成果的核心问题。农民所涉及的各种收入分配关系，可归纳为两个层次：一是农民与其他经济主体间的收入分配关系。这种关系是收入分配中农民与各类经济主体所形成的利益结构总和的反映，它同国民收入分配结构直接相关联，能够体现农民作为一个特定社会群体分享一国经济发展成果的总体状况。二是农民内部即不同农民群体间的收入分配关系。由于农民个体间存在异质性，① 再加上某些制度和政策因素带来的影响，不同农民共享经济发展成果的具体模式与程度必然会有差异。因此，不同农民群体间的收入分配关系与农民内部收入分配格局，也是研究收入分配环节农民共享经济发展成果时应当关注的重要内容。上述两个层次的收入分配关系，都既有量的规定性也有质的规定性。其中，质的规定性揭示了收入分配关系的性质和成因，这是理解农民共享经济发展成果内在机制的基础；而量的规定性刻画了收入分配关系的数量特点，从中可反映出农民通过收入分配途径共享经济发展成果的最终结果。

一、农民与其他经济主体间的收入分配关系

从宏观层面的国民收入分配角度来看，农民与其他经济主体间的收入分配关系，反映为国民收入在政府、企业、城镇居民、农村经济组织和农村居民间的分配。其中，农民与政府间的收入分配关系，是通过农民上缴国家税费以及政府对农民的财政转移性支出而形成的；农民与企

---

① 个体异质性表现在家庭出身条件、生活地理条件、人力资本水平、思想观念等诸多方面。

业间的收入分配关系，主要表现为农民向企业提供劳动力、土地等要素而获得相应的报酬；农民与农村集体经济组织、农村合作经济组织间的收入分配关系，集中反映在购销交易、务工报酬、土地租金、股金分红等方面；至于城乡居民之间，由于一般较少在收入分配环节直接发生经济往来，所以这两者间的收入分配关系，更多体现为分配结果层面的收入对比关系。

当我们从微观角度考察农民与其他经济主体间的收入分配关系时，相比宏观角度而言会显得更加复杂和多样化。以农业产业化发展领域为例，随着农业产业化的推进，出现了多种多样、类型丰富的现代农业经营组织形式，较典型的有"公司+农户""合作社+农户""公司+基地+农户""公司+合作社+农户""公司+中介组织+农户"等。由此，农民将与农业企业、专业合作社、中介组织等主体形成一定的收入分配关系，而且这种关系会随着经营组织形式的不同而呈现出差异化特点，并最终影响到农民在农业产业化经营中分享收益的水平与结构。

二、农民内部不同群体间的收入分配关系

农民群体内部的收入分配关系，大致上有两种表现类型：第一种是通过特定经济活动而直接形成的收入分配关系。在这种关系下，参与经济活动的农民之间有直接的资金流动，资金流入过程通常就是获得收入的过程。农户之间因土地转让、雇佣、借贷而支付的租金、工资、利息等，均属于此类收入分配关系范畴。质性研究是分析第一种类型收入分配关系的主要方法。第二种是作为分配结果而体现出来的收入分配关系，此时，在不同农民之间并无直接的收支流动。更准确地说，这种关

系实际上反映的是农民在与其他经济主体发生收入分配关系后，在群体（或个体）层面表现出的差异化收入分配格局或收入差距状况。例如，外出务工农户与未外出务工农户在收入水平和收入结构上均会有所不同，而外出务工农民之间的劳动报酬水平也同样存在一定程度的差异。分析第二种类型的收入分配关系，既离不开定量研究，也需要以质性研究为依托。影响不同农民群体间收入分配关系的因素众多：从农民自身角度考察，主要包括物质资本、人力资本、参与经济活动的选择等；而从外在因素来看，区位条件、产业结构、社会制度、技术进步、公共政策等均会对此产生影响。并且，内外部因素的作用往往是交互在一起的。

第三节 收入分配环节农民共享经济发展成果的意义、原则和条件

　　农民在收入分配环节共享经济发展成果的必要性和重要意义，可以从贯彻落实共享发展新理念、坚持基本分配制度、缩小城乡差距和实现共同富裕、实施乡村振兴战略四方面来认识。农民通过收入分配途径共享经济发展成果，应当遵循共建共享、全体共享、合理共享、渐进共享、创新共享等原则。此外，积极从内部与外部创造有利条件，对农民从经济发展中获得更多利益具有至关重要的作用。

一、收入分配环节农民共享经济发展成果的意义

　　让农民在收入分配环节充分地共享经济发展成果，是贯彻落实共享

发展新理念的重要任务。作为一种新的发展理念，共享发展的主要目标是让广大人民群众能够共同分享经济社会发展的成果，使全体人民有更多的获得感，并朝着共同富裕方向稳步前进。习近平总书记指出："小康不小康，关键看老乡……中国要富，农民必须富。"① 改革开放以来，我国农民收入实现了较快增长，但同其为国家所作出的贡献相比、与城镇居民收入水平相对照，农民在收入分配环节共享经济发展成果的程度总体而言仍显得偏低，是当前实现共享发展的主要短板之一。为此，必须合理调整农民与其他经济主体间的收入分配关系，让农民在收入分配环节更加充分地共享经济发展成果，从而更好地将共享发展新理念落到实处。

农民在收入分配环节合理共享经济发展成果，是坚持基本分配制度的必然要求。我国社会主义的基本分配制度是按劳分配为主体、多种分配方式并存，按劳分配与按要素分配相互结合。一方面，马克思主义的劳动价值论，为农民按照劳动投入量（包括数量和质量）而获得一定的劳动产品分配权即按劳分配提供了理论依据；另一方面，按要素分配要求劳动、资本、土地、技术、管理和数据等生产要素按贡献参与收入分配，当农民将自身劳动力及拥有的土地②、资金、技术等生产要素投入到生产中时，自然拥有根据要素贡献获得相应收入的权利。

让农民在收入分配环节更好地共享经济发展成果，是缩小城乡差距、实现共同富裕的必由之路。当前，中国特色社会主义进入新时代，

---

① 中共中央文献研究室.十八大以来重要文献选编（上）[M].北京：中央文献出版社，2014：658.
② 更准确地说，是拥有土地的承包权、经营权。

社会主要矛盾已转化为人民日益增长的美好生活需要与不平衡不充分的发展之间的矛盾。城乡发展不平衡、农村发展不充分就是发展不平衡不充分的一个突出表现。就收入分配领域而言，农民共享经济发展成果的程度相比城镇居民有较大差距，促进城乡协调发展迫切需要改变这种状况。另外，实现全体人民共同富裕是中国特色社会主义的本质要求，也是中国式现代化的鲜明特色，党的二十大明确提出要"扎实推进共同富裕"。如果农民共享经济发展成果不充分、城乡居民收入与生活水平差距过大，就会阻碍共同富裕目标的实现。只有让亿万农民在收入分配中更好地共享经济发展带来的成果，才能使城乡居民一起迈上共同富裕之路。

使农民通过收入分配途径较好地共享经济发展成果，也是实施乡村振兴战略的客观需要。党的十九大提出了要实施乡村振兴战略，党的二十大要求全面推进乡村振兴，而生活富裕是乡村振兴的总要求之一。与2005年社会主义新农村建设提出的"生活宽裕"要求相比，"生活富裕"显然是一个更高层次的标准，反映了新的历史条件下改善农民生活的努力方向——即在生活宽裕的基础上，以进一步提高农民收入为重点，使更多农民过上富裕的、高品质的生活。为了实现这一目标，需要继续在拓宽增收渠道、改善收入分配上下功夫，使农民在收入分配环节能够更好地共享经济发展成果。

二、收入分配环节农民共享经济发展成果的原则

根据共享发展新理念的内涵要求，结合我国的国情农情，农民在收入分配环节共享经济发展成果，需要遵循共建共享、全体共享、合理共享、渐进共享、创新共享等基本原则，相关的制度设计和实践举措，应当围绕这些原则而展开。

共建共享：共享是建立在共建基础上的，农民之所以成为经济发展成果的享有者、拥有共享经济发展成果的权利，最根本的原因在于他们是经济发展成果的主要创造群体之一。要实现在收入分配环节更多共享经济发展成果的目标，就必须让广大农民更充分地参与经济活动，努力增加农民所拥有的生产要素数量，不断提高农民所持生产要素的质量和使用效率。特别是要调动低收入农民参加生产的积极性并帮助其提升劳动素质，在提高对经济发展贡献度的基础上使低收入农民增加收入、更好地分享"经济蛋糕"。

全体共享：就共享经济发展成果的农民群体的覆盖面而言，应当是全体农民而不能局限于部分农民。对所有农民，无论其生活工作在何地、处于什么样的经济状况，都应当保证他们有权利并且能切实分享到经济发展带来的成果——尽管分享程度上会存在个体间的差异。要避免出现某些农民群体由于各种原因被排斥在共享体系之外的情况发生，使经济发展成果在收入分配环节普遍、全面地惠及所有农民群众，真正做到"一个都不能少""一个都不能落下"，这实际上是共享普惠性的体现。

合理共享：合理共享的本质要求是在共享中协调好效率与公平的关系。农民在收入分配环节共享经济发展成果，首先应以"多劳者多得、多贡献者多得"为基本遵循。只有如此，才能充分调动广大农民劳动的积极性、全面激发农村各类资源要素的活力。然而，由于长期以来我国城乡间发展不平衡，农民在经济发展与市场竞争中处于相对弱势地位，这就要求在收入分配特别是收入再分配阶段，适当向农民加以倾斜。另外，对完全或部分丧失劳动能力的贫困农民，虽然他们并未（或很少）对经济发展作出贡献，但其基本生活需求仍然必须给予保障，这是底线公平的基本要求。应当指出的是，共享发展中的效率和公平，并不完全是对立的，两者间有相当程度的一致性：公平包括经济公平和社会公平，其中，经济公平与效率的内涵要求是相同的，给予全体农民平等的经济社会权利，让他们充分地通过共建实现共享，这既是效率的体现，也是经济公平的反映；至于效率和社会公平，也不必然是矛盾关系，遵循效率原则有助于做大经济蛋糕，这一定程度上为扩大再分配资源、增进社会公平提供了有利条件。

渐进共享：习近平总书记指出"一口吃不成胖子，共享发展必将有一个从低级到高级、从不均衡到均衡的过程"①。这表明，在推进农民共享经济发展成果的过程中，应当遵循逐步渐进的原则。具体到收入分配领域，就是要求坚持在经济增长同时实现农民收入同步增长。如果未能以经济增长为基础，农民增收就会缺乏可持续性。尤其是在收入再分配阶段，对农民的转移性支付要兼顾需要和可能（主要指财力上的可负担性），避免透支财力。总而言之，应立足于经济社会发展水平，优化设计农民在收入分配环节共享经济发展成果的政策，既要避免裹足不前，也要防止好高骛远。

创新共享：内涵是通过创新的方式来更好实现共享的目标，体现了创新和共享两大新发展理念的有机融合。以创新方式促进农民共享经济

---

① 习近平. 在省部级主要领导干部学习贯彻党的十八届五中全会精神专题研讨班上的讲话 [N]. 人民日报，2016-05-10（2）.

发展成果，既是顺应经济社会发展形势的客观要求，也是有效应对当前实践困境的可行路径。近年来，经济转型升级加快，新产业、新业态蓬勃发展，经济组织模式更加多样化，这就要求我们坚持创新导向、增强创新意识，积极探索新形势下农民通过收入分配途径更好地共享经济发展成果的新思路、新模式与新举措。此外，当前我国农民在共享经济发展成果过程中还面临一些体制机制障碍，只有进一步深化改革、加快制度创新，才能破除这些瓶颈，使广大农民群众公平合理地分享到经济发展带来的成果。

三、收入分配环节农民共享经济发展成果的条件

农民在收入分配环节共享经济发展成果，同时依赖于一定的内部条件和外部条件。两种条件缺一不可、彼此关联，其中，外部条件通过内部条件发挥作用效果。

1. 内部条件

收入分配环节农民共享经济发展成果的内部条件，包括农民参与经济活动的主观愿望和积极性、农民劳动素质及拥有土地和资金等生产要素的客观状况两方面内容。共享是以共建为基础的，农民要从经济发展中分享利益，首先必须参与到经济建设过程中去、为经济发展作出贡献。发挥投身于经济建设的主观能动性，是农民在收入分配环节共享经济发展成果的先决条件。改革开放以来我国"三农"发展的长期实践也表明，充分调动广大农民参与各种经济活动的积极性，是实现农民持续增收的一个重要前提。在按劳分配为主体、多种分配方式并存的分配制度下，农民的收入水平主要取决于其付出劳动的多寡和成效，以及向

市场提供的土地、资金、技术等生产要素的数量与质量。付出劳动的多寡，农民主观意愿是决定性因素；但劳动成效以及其他生产要素供给的数量和质量，则更多由现实的客观因素所决定。例如，劳动成效很大程度上取决于农民的人力资本水平，而这又同农民的受教育程度、工作经验、健康状况等密切相关。所以，通过各种途径和方式改善农民劳动素质以及土地、资金、技术等生产要素的拥有状况，有助于广大农民更加充分地共享经济发展成果。

2. 外部条件

要使农民在收入分配环节较好地共享经济发展成果，还需要一定的外部条件——农民自身因素之外的各种发展条件与制度环境的总和，其中最主要的有以下四点。

第一，较快的经济增长与良好的经济结构。做大"蛋糕"是分好"蛋糕"的基础，国民经济增长直接关乎农民总体增收状况，平稳较快的经济增长能为农民共享经济发展成果创造良好的条件。除了经济增长外，经济结构也会对农民共享经济发展成果产生影响，在不同经济结构下，农民参与经济活动的机会、就业创业的空间以及收入增长的结构都会有不同程度的差异。例如，在农民劳动素质总体不高的地区，发展劳动密集型产业相比技术密集型产业往往更有利于促进农民就业增收。充分重视并切实维护好农民利益，是调整和优化经济结构过程中的一项重要内容。

第二，合理的城镇化、工业化与农业现代化的发展模式。国内外理论与实践表明，城镇化与工业化是拉动农民收入增长的重要驱动力，对传统农业的现代化改造则是提高农业经营效益的必由之路。然而，城镇化、工业化和农业现代化有多种模式，不同模式下农民分享城镇化、工业化和农业现代化成果的路径与结果会有较大差异。构建有利于充分维护和保障农民经济利益的城镇化、工业化和农业现代化模式，对农民在收入分配环节较好地共享经济发展成果具有重要作用。

第三，公平合理的收入分配制度。这是最关键的外部条件，既包括宏观层面的国民收入分配制度，也包括微观层面的居民收入分配制度，这些制度及其实施对农民通过收入分配环节共享经济发展成果将带来最为直接的影响。

第四，对农民收入分配有间接影响的各种制度和政策的优化设计。农村土地财产权制度、农村公共产品供给制度、城乡劳动力市场制度、城乡人口流动管理制度等经济社会制度，有的影响到农民公平参与市场竞争的机会，有的影响到农民获取收入的交易成本高低，还有的影响到农民合法收入的权益保障。上述制度的优化设计，也是收入分配环节农民公平、合理共享经济发展成果所不可或缺的条件。

第四节　农民在收入分配两阶段共享经济发展
成果的表现形式及实现机制

收入分配主要分为初次分配与再分配两个阶段。[①] 在一般市场经济条件下，初次分配又称为要素分配，是按照各种生产要素对国民收入的

[①] 鉴于第三次分配对农民在收入分配环节共享经济发展成果的影响很小，本书仅研究初次分配和再分配，不考虑第三次分配。

贡献大小进行分配。在我国社会主义市场经济中，初次分配实行按劳分配与按要素分配相结合。初次分配阶段获得的收入属于市场性收入，主要有工资性收入、经营性收入、财产性收入三种类型。再分配是在初次分配基础上，各收入主体间通过现金与实物转移实现的二次分配。居民从再分配中获得的收入是转移性收入，它属于非市场性收入。农民在初次分配与再分配两个阶段共享经济发展成果，从表现形式看有所不同，在实现机制上也存在较大差异。

一、收入初次分配阶段

在收入初次分配阶段，农民可以获得的收入包括经营性收入、工资性收入和财产性收入，这也是初次分配阶段农民共享经济发展成果的主要形式。（1）经营性收入是农民从事农业或非农生产经营得到的收入。在以往农村经济结构较为单一的时候，农民的经营性收入绝大多数来源于农业；而随着农村二、三产业的发展，各种非农产业也成为农民经营性收入的重要来源。获得经营性收入是收入分配环节农民共享经济发展成果的最基本形式，农民经营性收入状况不仅反映了农业和农村非农产业自身的发展情况，也是农业与非农产业、农村产业与城镇产业间比较利益的体现。（2）工资性收入是农民受雇于单位（个人）或从事自由职业、兼职得到的劳动报酬。农业劳动力转移到城乡非农产业就业获得的劳动报酬，是农民工资性收入的最主要组成部分，此类收入的增长同城镇化、工业化进程密切相关，能直接反映农民分享城镇化、工业化成果的程度。经济发展对农民工就业的吸纳能力、农村剩余劳动力的供求状况、农民工资性收入有决定性作用。另外，在农业产业化、规模化经营中形成的新型农业经营主体，在其生产经营过程中会产生一定的雇佣劳动需求，这也成为农民工资性收入的另一种来源途径。（3）财产性收入是农民转让资产所有权或使用权而获得的收入，主要包括利息收入、红利收入、土地转让收入、房产出租收入等，这是农民在收入分配环节共享经济发展成果的一种较高级形式。① 农民财产性收入的稳定增长，要依托于完善的农村财产权制度与城乡金融体系。

二、收入再分配阶段

农民在收入再分配阶段获得的收入是转移性收入，主要包括养老金、报销医疗费、最低生活保障金等社会救助金以及政策性生产与生活补贴、赡养收入、非常住成员寄回带回收入等。除了赡养收入、寄回带回收入等少数项目外，大部分转移性收入表现为公共部门向农村居民的经常性转移。农民在获得转移性收入的同时，也有转移性支出，包括直接缴纳的各种税费、社会保险缴款、赡养支出等。与转移性收入相反，转移性支出大多表现为农村居民向公共部门的经常性转移。转移性收入减转移性支出的净额（即转移净收入），才构成农民家庭的可支配收入，这也是再分配阶段农民共享经济发展成果的基本形式。农民以转移净收入形式在再分配阶段共享经济发展成果的状况，同农民社会保障制度、农民直接补贴政策与涉农税费制度②存在密切关系。

---

① 与经营性收入和工资性收入相比。
② 更准确地说，是直接税和政府性收费。

22

第二章

我国农民通过收入分配共享经济发展成果的状况与特点

为使农民在收入分配环节更好地共享经济发展成果，首先要全面了解农民通过收入分配共享经济发展成果的现实状况与特点。农民通过收入分配共享经济发展成果的最直观表现是农民的收入增长情况；此外，农民与其他经济主体间的收入分配、农民内部不同群体间的收入分配，进一步反映了农民在收入分配环节共享经济发展成果的基本特征。

第一节 改革开放以来我国农民的收入增长及其特征

收入的较快增长与收入水平的逐步提高，是改革开放以来我国农民共享经济发展成果的最直观体现。回顾以往40多年农民收入增长的历史轨迹，农民增收在不同阶段表现出不同的态势。本节分阶段考察1979—2021年间农民收入增长的演变过程，从总量与结构两个维度揭示农民增收的主要特点，并剖析不同来源收入增长格局的形成原因。

一、农民收入增长的总体情况

1. 农民收入增长的历史回顾与阶段划分

改革开放以来，我国农村经济社会发展取得了巨大成就，农民收入水平的持续提高就是其中的重要表现之一。农民家庭人均可支配收入从1978 年的 134 元增加到 2021 年的 18931 元，按同比价格计算，年均增长率为 7.6%。① 在这 43 年中，农民收入增速在不同年份之间存在较大差异，依据增长率的变化情况，可将 1979—2021 年划分为五个阶段：1979—1984 年的高速增长阶段、1985—1989 年的增长明显下滑阶段、1990—1996 年的增长回升阶段、1997—2003 年的增长相对低迷阶段、2004 年至 2012 年的持续较快增长阶段、2013 年之后的增长减速阶段。下面分别考察各个阶段农民收入增长的特点，并简要分析其历史背景。

第一阶段（1979—1984 年）是农民收入高速增长期。该阶段我国农民收入实现了高速增长，在极短时间内告别了新中国成立以来长期超低速增长的态势。在这七年中，农民收入增长率均保持在 10% 以上，年均增长率高达 16.5%，这不仅显著高于改革开放前，也高于之后的三十多年。这一时期农民收入之所以能够实现"跳跃式"的高速增长，主要得益于 1978 年后所实施的一系列农村经济改革举措以及政府的政策支持，其中最重要的是实行家庭联产承包责任制、大幅提高粮食等农产品收购价格。此外，乡镇企业的发展也有效带动了农民非农收入的增长。

第二阶段（1985—1989 年）是农民收入增长明显下滑期。该阶段，我

---

① 如无特殊说明，下文的增长率均指实际增长率。

国农民收入增速"断崖式"下降，1985 年最高时也仅为 7.8%。在这五年中，农民收入增长率相比前一阶段大幅度滑坡，年均增速仅为 4.1%。其中，1989 年的增速更是跌落至-1.6%，成为改革开放后唯一出现负增长的年份。该时期农民收入增速急剧滑坡的首要原因，在于经济发展重心由农村转向城市，出现了重城市工业轻农村农业的倾向。原来先行的农村改革在这几年中相对停滞，并无较大的改革新突破，农村改革红利由此逐渐减弱，农业经济增长缺乏新的动力。另外，因连年丰收而高估了农业自身发展能力，我国在该阶段还出台了一系列对农业发展有抑制作用的政策措施，这进一步对农业发展带来负面影响，造成农业形势急剧逆转、农业生产徘徊不前，最终导致农民农业经营收入增长的滑坡。

第三阶段（1990—1996 年）是农民收入增长回升期。1990 年，我国农民的收入增速由负转正、开始进入回升通道，特别是在 1994—1996 年间，还出现了收入增速连续三年攀升的良好态势。该阶段农民收入增长的回暖，是多重利好因素综合作用的结果。首先，这段时期国家对农业的重视程度再次提高，出台了一些支农惠农的政策措施，促进了农业增产和农民增收。其次，农产品收购价格从 1992—1996 年连续 5 年提高，这对农业经营收入增长的贡献度十分显著。再次，进入 20 世纪 90 年代后，随着市场化改革加快推进和农村分工分业发展，农业产业化经营逐步壮大，农业的比较效益得到提高，各种类型的农业产业化经营组织越来越成为有效带动农民增收的重要载体。最后，该阶段农业剩余劳动力转移因素对农民增收的贡献也不可忽视。20 世纪 90 年代开始，农业剩余劳动力转移的规模不断扩大、速度也在加快。据统计，1990—1995 年农村劳动力转移总量达 5227 万，年均 871 万，比 80 年代平均水平增加近 1/3（黄晨熹，1998）。农业剩余劳动力向非农部门加快转移，带动了农民非农收入的增长。

第四阶段（1997—2003 年）是农民收入增长相对低迷期。在该段时期，以 2000 年为拐点，农民收入增速先降后升。始于 1997 年的农民收入增速下滑，主要源于以下几方面因素：一是农产品从原先的供给短缺状态变为供求大致平衡，甚至出现了局部性阶段性的供过于求，导致农产品价格趋于走低，进而造成农业增产不增收。二是 1997 年以后我国通货紧缩、经济增长减速，从整体上影响了农民增收，再加上亚洲金融危机使农产品出口受到冲击，进一步制约了农民增收。三是 1998 年的特大洪水与 2000 年的大范围旱灾，给农业生产和农民收入增长带来明显负面影响。四是对乡镇企业实施了一些限制性政策，导致乡镇企业就业弹性下降，进而制约了农民工资性收入的增长。2001 年后农民收入增速小幅回升，有宏观经济形势好转方面的原因，但更重要的是一系列支农惠农政策的出台。2002 年，中央农村工作会议提出新阶段增加农民收入总的指导思想是"多予、少取、放活"，围绕该方针，国家稳步推进农村税费改革、减轻农民负担，同时加大对农业农村的投入力度，这对促进农民增收发挥了积极作用。

第五阶段（2004—2012 年）是农民收入实现持续较快增长的时期。从 2004 年起，我国农民收入增长步入了黄金期，总体上呈现出加速增长态势，年均增速达到了 8.8%。制度红利是该阶段我国农民实现持续较快增收的最关键原因。自 2004 年开始，历年中央一号文件持续聚焦"三农"；2005 年，党的十六届五中全会提出推进社会主义新农村建设，将继续解决好"三农"问题作为全党工作的重中之重。在此阶段，"三农"支持政策相比以往数量更多、范围更广、力度更大，起到了直接或间接促进农民增收的作用。除了有效的政策扶持外，农村改革深化也是制度红利的另一来源。农业经营方式、农村土地制度等领域改革的深入推进，为农民增收开拓了新空间、增添了新动力。农业剩余劳动力供给状况的变化，也对该阶段农民收入（尤其是工资性收入）增长产生了重要影响。进入新世纪后，我国农业剩余劳动力数量持续下降，从原先的全面过剩逐步转为总量过剩、结构性短缺。农民工供求关系的这种深刻变化，推动了农民工工资水平的上涨，再加上对农民工劳动报酬权益保障力度的加强，使农民的工资性收入保持了较快的增长。

第六阶段（2013—2021 年）是农民收入增长减速期。2013 年开始，中国经济发展步入了新常态，经济由高速增长阶段转向高质量发展阶段。随着经济增长的减速，农民增收的条件与环境发生了较大变化，收入增长速度明显趋于放缓。农民人均可支配收入增长率呈现出阶梯式下降态势，由 2012 年的 10.7% 逐步下滑至 2019 年的 6.2%。新常态背景下的农民收入增长趋缓，是多种因素共同作用的结果，主要包括：受农业生产成本刚性上涨与农产品价格疲软的双重影响，农民务农增收空间收窄；城镇化与农村剩余劳动力转移速度放缓，新增农民工数量大幅减少，使农民工资性收入增长变慢；去产能等供给侧结构性改革举措，对部分行业和地区农民工的就业与收入带来了较大冲击；经济减速使财政收入增速下滑，导致农民转移性收入增长受到较大制约。2020 年，因遭遇新冠疫情这一特殊事件的冲击，农民收入增长遭受较明显的负面影响，收入增速大幅下滑至 3.8%，这是近二十年来的最低值。

2. 农民收入增长与经济增长的比较

将改革开放以来的农民收入增长与经济增长相比较可以发现（图2-1）：从1979—1983年，农民收入增速显著高于经济增速；但自1984年起一直到2009年，农民收入增长几乎都滞后于经济增长（1996年除外）；2010年，农民收入增速再次超过了经济增速，这种状况一直持续至今（2016年除外）。由此可从总体上初步判断，在改革开放最初的几年，农民在收入分配环节共享经济发展成果的程度很高，充分享受到经济增长所带来的利益；然而，在之后长达26年的时间里，农民共享经济发展成果的情况不尽理想，农民未能实现自身收入与经济的同步增长；2010年以来，农民增收与经济增长间的关系趋于协调，农民较好地分享了经济发展所带来的成果。

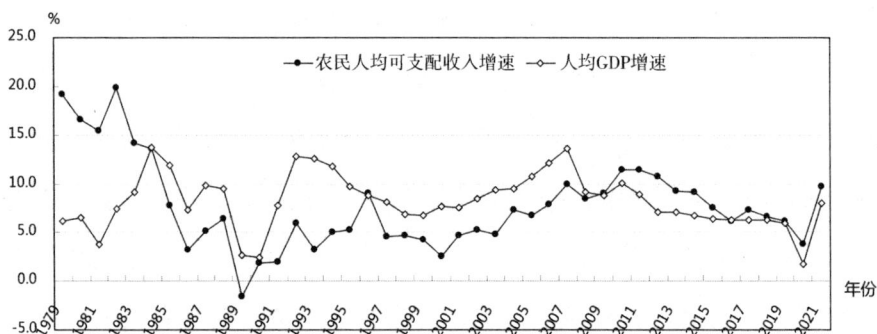

图2-1　改革开放以来农民收入增速与经济增速的比较

资料来源：根据历年《中国统计年鉴》相关数据计算。

注：增长率均为实际增长率。

另外还发现，改革开放后农民收入增长的波动性也明显强于经济增长：1979—2021年间，农民人均收入增速的变异系数为0.59，比人均GDP增速的变异系数高出了0.25，这表明改革开放以来农民增收的稳定性较弱。然而,从不同阶段来看,农民收入增长的稳定性状况有所差异。将 2000 年作为分界点考察,前后两阶段的收入增速变异系数分别为 0.78 与 0.32。从中可见,进入新世纪后,农民收入增长的波动性大幅下降,增收过程变得更加平稳。

二、农民不同来源收入增长的特点与成因

1. 农民四类收入的增长率和贡献度

农民收入按来源分为工资性收入、经营性收入、财产性收入和转移性收入四大类。分阶段考察农民四类收入的增长率,结果发现(表 2-1):除 1979—1984 年外的各个阶段,工资性收入的增长率均高于可支配收入,与此相反,经营性收入的增长率则均低于可支配收入;财产性收入起始的基数很小,但其增长略快于可支配收入;转移性收入的波动性较大,在 2004—2012 年间,其增长率远远超过了其他三类收入。

表 2-1 农民四类收入的分阶段增长率比较　　　单位:%

阶段 收入来源	1979— 1984 年	1985— 1989 年	1990— 1996 年	1997— 2003 年	2004— 2012 年	2013— 2021 年
可支配收入	16.5	4.1	4.7	4.0	8.8	6.9
工资性收入	-5.8	8.5	5.2	10.2	11.6	8.0
经营性收入	38.1	3.7	4.3	1.3	5.4	4.5
财产性收入	—	—	—	5.9	11.7	9.4
转移性收入	18.0	-4.7	-0.7	4.2	20.1	9.3

资料来源:根据历年《中国统计年鉴》相关数据计算。

注:①1983 年农民工资性收入和经营性收入的统计口径发生了较大变化,导致同以前年度数据不完全可比;②因 1997 年前农民的财产性收入规模很小,故未计算增长率;③增长率均为实际增长率。

四类收入各自对农民增收的贡献度①也有较大差异，且在不同阶段表现有别（图2-2）：在1985—1989年间和1990—1996年间，经营性收入对农民增收的贡献度最大，但到了之后的三个阶段，对增收贡献度最大的收入来源转变为工资性收入；不过，自20世纪90年代以来，工资性收入对农民增收的拉动作用，呈现出先增强后减弱的变化趋势，到2013—2021年间，工资性收入的贡献度已下降至45.3%；财产性收入尽管增速较高，但因其规模不大，对农民收入增长的贡献度一直很小；转移性收入对农民收入增长的拉动力逐步增强，在2013—2021年间，其对农民增收的贡献度已接近25%。

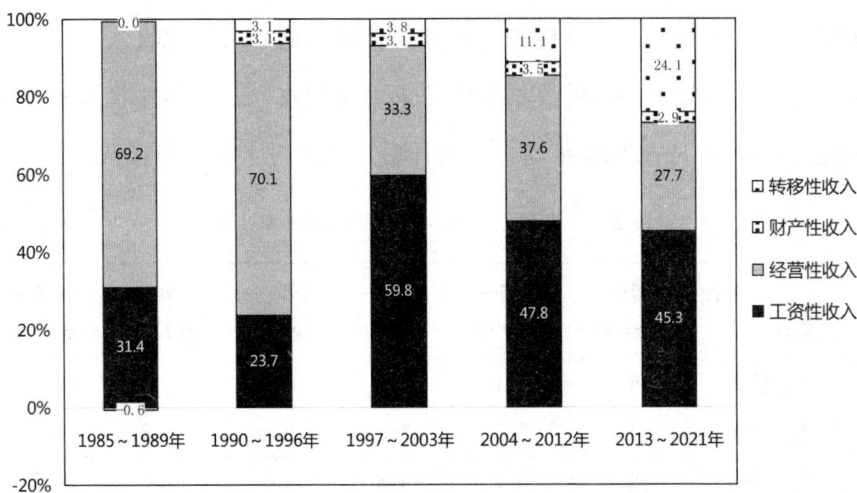

图2-2 各时期四类收入对农民增收的贡献度

资料来源：根据历年《中国统计年鉴》相关数据计算。

注：1979—1984年间工资性收入和经营性收入的统计口径发生了变化，故未计算该时期的贡献度。

---

① 某类收入对农民增收的贡献度的计算公式为：人均某类收入增加额/人均可支配收入增加额×100%，贡献度反映了某类收入对农民增收拉动力的相对强弱程度。

2. 农民四类收入增长主要特点及其成因

从收入来源角度看，20世纪80年代以来我国农民收入增长的一个最重要特征，是工资性收入稳定增长并取代经营性收入成为拉动增收的最大动力，这一特征的形成主要归功于城市化与工业化的快速推进。在城市化与工业化过程中，二、三产业的扩张为农村居民带来了大量就业机会，农村剩余劳动力大规模地从农业部门转移至非农部门就业，这是农民工资性收入持续增长的最重要原因。一些实证研究结果也证实了城市化与工业化对我国农民工资性收入增长的正向作用（张占贞、王兆君，2010；徐增海，2011）。城市化与工业化带来的产业和就业结构变化，还影响到农民经营性收入的增长。由于农村人口尤其是青壮年男性劳动力大量转移到了非农部门受雇就业，农业从业的人数逐年减少，并呈现出老龄化、女性化趋势，农业增加值相比非农产业长期处于中低速增长状态，这使得农民经营性收入的增长相对较为缓慢，对农民增收的贡献度总体上趋于降低。

从前文分析中可以看出，四类收入对农民增收的贡献度与其增长速度密切相关但并不完全一致。形成这一现象的主要原因在于，各类收入对增收的贡献度，不仅与其增长率有关，还取决于其规模。以2004—2012年间为例，虽然经营性收入的增长在四类收入中相对最慢，但因其是农民最大的收入来源，所以依然产生了较强的拉动农民增收的作用，它对增收的贡献度仅次于工资性收入；反之，尽管该期间转移性收入实现了高速增长，但由于其在农民收入中所占比重较低，对增收的贡献度并不大。财产性收入的情况与之类似，由于农民资产存量积累少、农村金融体系发展滞后、农地产权制度不完善等诸多因素的综合作用，农民财产性收入规模长期以来偏小，对农民增收形成的拉动力十分微弱。

2004 年以来农民转移性收入的快速增长，是我国农民增收中的另一个鲜明特点，这与"三农"方针政策密切关系。党的十六大首次明确提出了统筹城乡经济社会发展，我国由此进入到工业反哺农业、城市支持农村的发展新阶段。在各种支持"三农"的政策中，农业补贴与农村社会保障直接关乎农民的转移性收入。从 2004 年起，我国开始将农业补贴方式从间接补贴为主转向直接补贴为主，使农民更充分受益于补贴政策，四项直接补贴①的规模从 2004 年的 145.7 亿元扩大至 2019 年的 2380 亿元。在农村社会保障方面，自 2003 年开始，新型农村合作医疗、农村最低生活保障、农村社会养老保险先后正式建立并普及推广，各项社会保障的覆盖面和待遇逐步提高。以农村最低生活保障为例，从 2008 年 1 月到 2013 年 11 月，享受农村低保的人数由 3478.9 万人增加至 5370.8 万人，人均低保财政支出由 37.9 元提高至 1386.8 元。② 可见，农业补贴政策与农村社会保障制度的不断完善，促进了农民转移性收入的快速增长。

第二节　我国农民与其他经济主体间的收入分配状况

农民与其他经济主体间的收入分配状况，反映了农民共享经济发展成果的相对地位。本节将从农民与政府、农民与企业、农民与城镇居民

---

① 四项直接补贴为种粮农民直接补贴、农作物良种补贴、农资综合补贴和农机购置补贴，2016 年，前三项直接补贴合并为农业支持保护补贴。

② 数据来源于民政部《2008 年 1 月份民政事业统计月报》和《2013 年 11 月份社会服务统计月报》。2013 年 11 月，农村低保覆盖人数达到最高值，之后随着精准扶贫开展、贫困人口减少而趋于减少。

三方面入手，考察农民与其他经济主体形成的收入分配格局。

一、农民与政府间的收入分配

农民与政府间的收入分配状况，主要经由农民向国家上缴税费和政府对农民进行财政转移支付而形成。因此，我们可以通过考察农民与政府间的财政收支关系——农民缴纳给政府的税费、农民从政府那里获得的转移性收入以及两者之差，刻画出农民与政府间收入分配的基本状况并揭示其特点。由于缺乏全国层面的相关数据，所以选择有数据的代表性省份加以分析。由表 2-2 可见，当前我国农民从政府处获得的转移性收入，远远大于农民上缴给政府的税费。平均而言，2020 年来自政府的转移净收入占农民初次分配收入的12.7%，这充分体现了党和政府对农民"少取、多予"的基本方针。另外我们还发现，在所考察的全部省份中，2020 年来自政府的转移净收入占农民初次分配收入的比重与 2012 年相比均有所上升，表明党的十八大以来农民与政府间的收入分配对农民增收的影响程度在趋于提高。

表 2-2　农民与政府间的财政收支关系　　　　单位：%

指标 省份	上缴政府的税费/ 初次分配收入	从政府处获得的转移性收入/ 初次分配收入	来自政府的转移净 收入/初次分配收入
山东	3.6	12.7	9.1
浙江	6.7	14.5	7.8
安徽	3.8	13.0	9.2
山西	2.9	15.8	12.9
吉林	3.7	18.2	14.5

指标 省份	上缴政府的税费/ 初次分配收入	从政府处获得的转移性收入/ 初次分配收入	来自政府的转移净 收入/初次分配收入
重庆	3.8	19.9	16.0
云南	1.7	7.2	5.5
四川	3.6	14.0	10.4
陕西	4.3	19.0	14.7
内蒙古	4.0	30.3	26.3
均值	3.8	16.5	12.7

资料来源：根据各省份统计年鉴或调查年鉴 2020 年相关数据计算。

在农地征收和出让中对土地增值收益的分配，也构成农民与政府间收入分配的一项重要内容。改革开放以来，大量农村集体土地通过征收程序变为国有土地后用于非农建设。政府征用农地后进行前期开发投入，将生地转为具有一定基础设施配套的熟地，然后将其在市场上转让给开发商使用，在此过程中会形成巨大的土地增值收益。土地增值收益通常由被征地农民、农村集体经济组织和政府共同分享——被征地农民获得地上附着物补偿费、青苗补偿费、安置补助及部分土地补偿款，农村集体经济组织主要获得部分土地补偿款，政府获得土地出让金扣减征地补偿费与土地开发成本后的净收益。黄朝明（2008）的调查资料显示，农民个人和集体分享征地增值收益的平均比例仅为17%。根据张安录等人（2010）的初步估算，征地增值收益的分配比例大致为：被征地农民占 5%～10%，农村集体组织占 15%～20%，而政府占 70%～80%。何安华、孔祥智（2015）详细测算了地价的"剪刀差"，结果发现：地价"剪刀差"从 2002 年的 671.82 亿元上升至 2012 年的 5024 亿元，11 年累计 28543.24 亿元，而同期被征地农民获得的征地补偿费为 11755.57 亿元，低于地价"剪刀差" 16787.67 亿元。将这些差额视为农民在土地征收中的收益损失，在 2002—2012 年期间，该收益损失累计额占农民总收入的比重达到了 4.98%，这意味着如果农民能公平地分享土地增值收益，则其平均收入水平将提高数个百分点。综上可见，农地通过征用、开发和出让形成的增值收益，更多被政府所获得，而农民分享的份额是偏低的。

二、农民与企业间的收入分配

农民与企业间的收入分配，最主要体现在雇佣农民工的企业支付给受雇农民工的劳动报酬上。全国农民工监测调查报告数据显示：从 2009—2019 年，农民工人均月收入从 1417 元增加到 3962 元，年均增长率达到 10.8%；2020 年，农民工收入受新冠疫情的负面冲击较大，人均月收入增长率下滑到 2.8%；2021 年，农民工收入增长形势有所好转，增长率回升至 8.8%。不同行业间的农民工劳动报酬水平存在一定差异，交通运输、仓储和邮政业以及建筑业的工资相对较高，而住宿和餐饮业以及居民服务、修理和其他服务业的工资相对较低。

我们用农民工劳动报酬总额占行业增加值比重（下文简称"农民工劳动报酬占比"）这一指标，从总体上量化测度基于劳动雇佣关系而形成的农民与企业间收入分配格局。所考察的行业范围是：制造业，建筑业，批发和零售业，交通运输、仓储和邮政业，住宿和餐饮业，居民服务、修理和其他服务业，在上述六大行业就业的农民工占全部农民工的 85%左右。由图 2-3 可见：农民工劳动报酬占比表现出较强的行业间差异性。究其原因，主要是各行业在劳动密集度、农民工占用工总数比例等因素上有所差异。例如，居民服务、修理和其他服务业的劳动密集度很高，且又较多雇佣农民工，这使得该行业的农民工劳动报酬占比远高于其他行业。

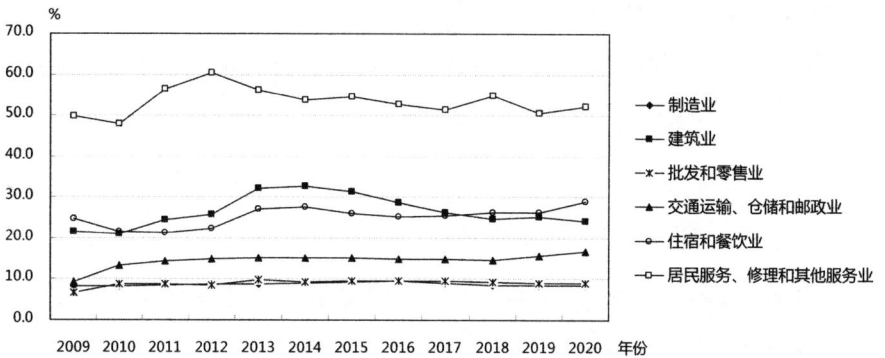

图2-3 农民工劳动报酬总额占行业增加值比重

资料来源：根据历年《中国统计年鉴》、全国农民工监测调查报告相关数据计算。

近十多年来各行业农民工劳动报酬占比的变化，是农民工工资水平、农民工就业规模、行业增加值三因素变动共同作用的结果。我们运用统计学中的因素分析法，分解出工资水平、就业规模、增加值这三个因素对历年各行业农民工劳动报酬占比变化的具体影响。测算公式为：

$$lr_t - lr_{t-1} = \frac{w_t \times E_t}{GDP_t} - \frac{w_{t-1} \times E_{t-1}}{GDP_{t-1}} = \left(\frac{w_t \times E_t}{GDP_t} - \frac{w_{t-1} \times E_t}{GDP_t} \right) +$$

$$\left(\frac{w_{t-1} \times E_t}{GDP_t} - \frac{w_{t-1} \times E_{t-1}}{GDP_t} \right) + \left(\frac{w_{t-1} \times E_{t-1}}{GDP_t} - \frac{w_{t-1} \times E_{t-1}}{GDP_{t-1}} \right) \quad (2-1)$$

其中，lr 表示农民工劳动报酬占比，w 和 E 分别表示农民工的年均工资收入和就业人数，t = 2009，2010，……2020。测算结果（表2-3）表明：在所考察的六大行业中，工资因素对提升农民工劳动报酬占比始终具有正向作用，而就业因素对农民工劳动报酬占比变化的影响是双向的；至于行业增加值因素，除了 2020 年某些行业外，其对农民工劳动报酬占比变化均产生负向影响。近年来农民工薪酬水平的较快增长，相当程度上是对以往农民工工资长期偏低这种不合理现象的矫正。另外，从影响程度来看，工资水平对各行业农民工劳动报酬占比变动的作用均大于就业规模的作用。

表 2-3 各行业农民工劳动报酬占比变化的因素分析 单位:%

行业	制造业			建筑业			批发和零售业		
因素 年份	工资	就业	增加值	工资	就业	增加值	工资	就业	增加值
2010	1.30	-0.07	-1.28	3.49	-0.32	-3.63	1.49	1.93	-1.30
2011	1.48	0.10	-1.37	4.46	2.40	-3.64	1.28	0.33	-1.59
2012	0.87	0.16	-0.66	2.66	1.53	-2.62	0.79	-0.01	-1.09
2013	1.52	-0.87	-0.58	3.36	5.31	-2.54	0.82	1.31	-0.98
2014	0.84	0.08	-0.62	3.24	0.50	-3.18	0.44	0.19	-1.06
2015	0.44	-0.02	-0.17	1.93	-1.56	-1.61	0.58	0.41	-0.62
2016	0.78	-0.15	-0.45	1.39	-1.85	-2.28	0.42	0.33	-0.79
2017	0.56	-0.04	-1.00	1.55	-0.67	-3.17	0.65	0.13	-0.88
2018	0.65	-0.52	-0.78	1.71	-0.26	-3.06	0.61	-0.10	-0.83
2019	0.49	-0.07	-0.26	1.97	0.33	-1.89	0.55	0.01	-0.67
2020	0.39	-0.26	-0.07	0.68	-1.17	-0.54	0.16	-0.10	-0.02

行业	交通运输、仓储和邮政业			住宿和餐饮业			居民服务、修理和其他服务业		
因素 年份	工资	就业	增加值	工资	就业	增加值	工资	就业	增加值
2010	1.93	3.14	−1.12	3.54	−4.20	−2.42	7.71	−0.62	−8.86
2011	3.04	−0.12	−1.85	3.49	−1.68	−2.16	9.45	5.98	−7.06
2012	1.36	0.39	−1.16	3.13	0.20	−2.17	6.80	1.55	−4.42
2013	1.92	−0.40	−1.30	3.06	3.22	−1.52	5.85	−6.65	−3.28
2014	0.77	0.62	−1.32	2.16	0.74	−2.42	4.98	−1.28	−6.27
2015	1.07	−0.17	−0.99	1.50	−0.75	−2.42	3.12	2.12	−4.47
2016	0.87	0.04	−1.15	1.31	0.48	−2.49	3.05	2.38	−7.14
2017	1.00	0.62	−1.64	1.25	1.52	−2.43	2.90	1.55	−5.93
2018	1.04	0.06	−1.18	1.08	2.00	−2.27	3.08	4.03	−3.71
2019	1.06	0.77	−0.85	1.13	0.95	−2.23	2.04	0.83	−7.05
2020	0.51	−0.44	0.86	0.60	−2.58	4.74	0.77	−0.99	1.95

资料来源：根据历年《中国统计年鉴》、全国农民工监测调查报告相关数据计算。

三、农民与城镇居民间的收入分配

改革开放以来，我国城乡居民收入水平差距始终较大。从演变趋势看，城乡居民人均可支配收入之比呈现出波浪式变化（图 2-4）。在 20 世纪 80 年代前期，城乡居民收入比曾一度显著下降，1985 年降低至 1.72，成为改革开放后城乡居民收入差距最小的年份。然而，从 1986 年开始，城乡居民收入比又开始上升。到了 20 世纪 90 年代后期，收入差距出现了短时期的小幅下降。但是，自进入 21 世纪后，城乡居民收入不平等再次趋于扩大，收入比持续 11 年超过 3，最高时达到了 3.36。

2008 年国际金融危机以后，城乡居民收入比步入了下降通道，收入差距逐步趋于缩小。到 2021 年，城乡居民收入比降低至 2.50，已经接近改革开放初期的水平。

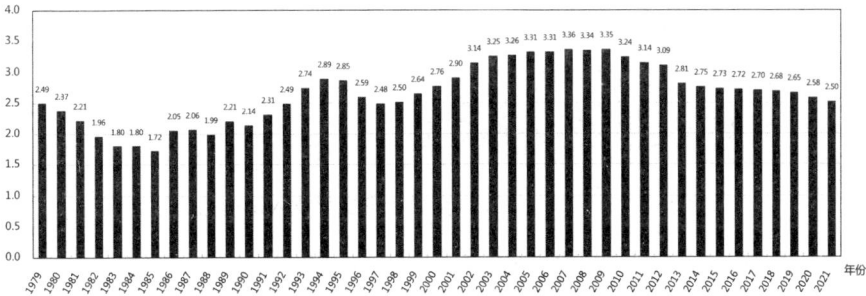

图 2-4 改革开放以来城乡居民可支配收入比的变化

资料来源：根据历年《中国统计年鉴》相关数据计算。

城乡居民收入差距的变动方向，直接源于城镇居民收入和农村居民收入的相对增速。当农村居民收入增速高于城镇居民时，收入差距缩小，反之则趋于扩大。在 20 世纪 90 年代末到 21 世纪初的几年，城镇居民收入增长远快于农村居民，导致城乡居民收入比迅速拉大；2004 年后，农村居民收入增长开始逐渐赶上城镇居民，由此遏制了城乡居民收入比持续攀升；2010 年农民的收入增速反超城镇居民，之后一直保持了这一态势，促使城乡居民收入比不断下降（图 2-5）。从城乡居民收入差距的演变特点看，农村居民在收入分配环节共享经济发展成果的程度显著低于城镇居民，不过，根据近几年的发展态势，城乡居民通过收入分配共享经济发展成果的差距正趋于缩小。

接着，进一步分析收入来源、城乡居民收入差距状况及其变动。考虑到城乡经济结构上的客观差异及由此导致的城乡居民收入结构差异，

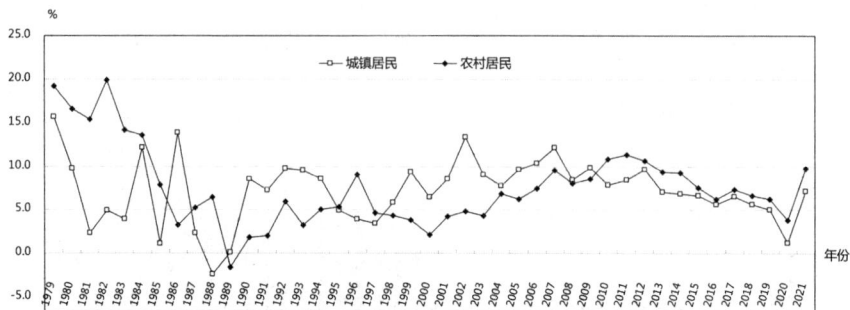

图 2-5　改革开放以来城乡居民可支配收入增速的比较

资料来源：根据历年《中国统计年鉴》相关数据计算。

注：增长率均为实际增长率。

不太适宜直接对经营性收入和工资性收入进行城乡间比较。为此，我们将经营性收入和工资性收入合并为劳动收入加以比较考察，以增强可比性。从图 2-6 可见，总体而言城乡劳动收入差距呈现出先扩大后缩小的趋势，劳动收入的城乡比略小于可支配收入的城乡比。在原统计口径下，财产性收入的城乡比在 20 世纪 90 年代末期快速下降，进入 21 世纪后基本保持稳定，2001—2012 年，财产性收入的城乡差距均小于可支配收入的城乡差距；以 2003 年为拐点，转移性收入的城乡比先大幅上升后快速下降，但转移性收入的城乡不平等程度一直高于可支配收入。2013 年采用新统计口径后，城乡财产性收入差距明显攀升，远远高于同期城乡可支配收入差距；而城乡转移性收入差距显著下降，小于同期城乡可支配收入差距；此外，无论是财产性收入还是转移性收入，城乡差距均趋于下降。就近几年的情况看，三类收入的城乡差距由大到小依次为财产性收入、劳动收入、转移性收入。目前财产性收入的城乡差距非常悬殊，远大于转移性收入和劳动收入的城乡差距。这实际上表明，当前农村居民通过财产性收入共享经济发展成果的水平远远落后于城镇居民。

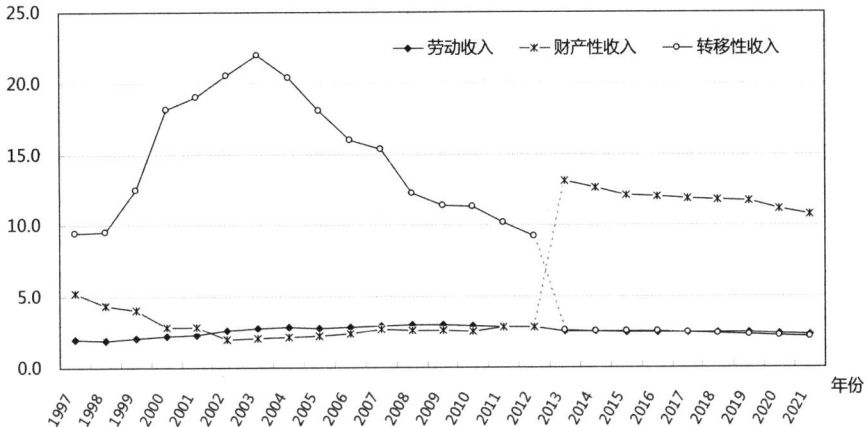

图 2-6　改革开放以来城乡居民各类收入比的变化

资料来源：根据历年《中国统计年鉴》相关数据计算。

注：1997—2012 年使用的是居民收入统计原口径，2013 年起使用的是居民收入统计新口径，故 2013 年前后不完全可比。

第三节　我国农民内部不同群体间的收入分配格局

农民内部不同群体在收入分配环节中共享经济发展成果的程度也存在差异，这主要表现为农民内部不同群体间的收入差距。本节从不同收入等级、不同生计方式、不同地区三方面考察农民内部的收入差距，进而揭示农民内部的收入分配格局及其变化。

一、不同收入等级农民的收入差距

在我国住户调查中，将农村居民按收入五等份分组为低收入户、中等偏下户、中等收入户、中等偏上户、高收入户，不同收入等级农民在收入分配环节中共享经济发展成果的程度存在较大差异。本书通过测算各收入组相对收入、各收入组收入增长率并考察其变化来说明这种差异。受收入分组数据可得性限制，研究的时间区间为2002—2021年。

先计算各收入组农民人均可支配收入与农民总体人均可支配收入的比值，用以衡量不同收入等级农民的相对收入水平。由表2-4可见，低收入户、中等偏下户和中等收入户农民的人均收入，长期以来一直低于农民总体人均收入；而高收入户、中等偏上户农民的人均收入，则始终高于农民总体人均收入。

表2-4　不同收入组农民人均可支配收入相对水平的变化

收入组\年份	低收入户	中等偏下户	中等收入户	中等偏上户	高收入户
2002	0.346	0.625	0.874	1.224	2.384
2003	0.330	0.613	0.867	1.223	2.420
2004	0.343	0.627	0.878	1.229	2.360
2005	0.328	0.620	0.876	1.230	2.380
2006	0.330	0.619	0.878	1.240	2.363
2007	0.325	0.624	0.884	1.239	2.365
2008	0.315	0.617	0.883	1.245	2.372
2009	0.301	0.604	0.874	1.255	2.391

续表

收入组 年份	低收入户	中等偏下户	中等收入户	中等偏上户	高收入户
2010	0.316	0.612	0.882	1.257	2.374
2011	0.287	0.610	0.890	1.275	2.405
2012	0.293	0.607	0.889	1.281	2.401
2013	0.305	0.633	0.895	1.253	2.261
2014	0.264	0.630	0.906	1.282	2.283
2015	0.270	0.632	0.903	1.273	2.278
2016	0.243	0.633	0.903	1.272	2.301
2017	0.246	0.622	0.892	1.261	2.330
2018	0.251	0.582	0.857	1.235	2.329
2019	0.266	0.609	0.873	1.232	2.250
2020	0.273	0.607	0.859	1.219	2.249
2021	0.257	0.612	0.874	1.224	2.276

资料来源：根据历年《中国统计年鉴》相关数据计算。

　　再比较不同收入组农民人均可支配收入的增长率，结果发现（表2-5），收入增速总体上随着收入等级的提高而上升，[1] 这意味着收入等级越高的农民群体，其收入增长越快；另外，低收入户的收入增长率明显低于其余收入组别，尤其是在2013—2021年期间。这种收入增速上的组间差异，可以直接解释不同收入组收入相对水平的变化。以上分析表明，收入等级越低的农民群体，在通过收入分配共享经济发展成果的结果上越处于不利地位，且这种不利地位还在趋于强化。

————————

[1] 2002—2012年期间高收入户收入增速低于中等偏上户除外。

表 2-5　不同收入组农民人均可支配收入的增长率　　　　　单位:%

时期 \ 收入组	低收入户	中等偏下户	中等收入户	中等偏上户	高收入户	全体
2002—2012 年	6.89	8.38	8.89	9.19	8.77	8.70
2013—2021 年	4.64	6.50	6.62	6.63	7.03	6.94

资料来源：根据历年《中国统计年鉴》相关数据计算。

注：①2002—2012 年使用的是居民收入统计原口径，2013—2019 年使用的是居民收入统计新口径，两段时期不完全可比，故分开来分别计算年均增长率；②增长率均为实际增长率。

二、不同生计方式农民的收入差距

生计方式，又称为生计模式，是家庭或个人基于拥有的生计资本而选择的适合自己的谋生手段与策略。农民生计方式是影响农民家庭收入水平的重要因素，根据家庭首要收入来源可将农民生计方式分为受雇务工为主、生产经营为主、资产运营为主、接受补助为主四种类型。我们利用 CHIP2018 农村住户数据进行了测算，结果发现：在所有样本农户中，受雇务工为主户占 41.07%，生产经营为主户占 28.52%，资产运营为主户占 1.10%，而接受补助为主户占 29.31%。四类农户的家庭人均可支配收入水平，从高到低依次为生产经营为主户、资产运营为主户、受雇务工为主户、接受补助为主户。其中前三类农户的收入差距相对较小，而接受补助为主户的收入水平明显低于其他三类主要依靠市场谋生的农户（表 2-6）。从家庭人口特征看，接受补助为主户中相当一部分是缺乏中青年劳动力的老年户，这是该类农户工资性收入、经营性收入均处于较低水平的主要原因。

表 2-6 不同生计方式农民家庭的收入比较 单位:元

	受雇务工为主	生产经营为主	资产运营为主	接受补助为主	全体
可支配收入	14885.14	17418.14	15865.86	11177.51	14467.64
工资性收入	12119.37	1992.36	2667.98	1319.07	5954.41
经营性收入	1324.93	13967.48	550.26	1105.96	4805.71
财产性收入	408.06	299.34	10956.02	248.45	446.09
转移性收入	1032.78	1158.96	1691.60	8504.03	3261.43

资料来源:根据 CHIP2018 相关数据计算。

三、不同地区农民的收入差距

我国区域经济不平衡程度较高,这使得不同地区农民之间的收入水平也有较大差距。以 2021 年为例,农民人均收入最高的上海达到了 38521 元,而最低的甘肃仅为 11433 元,两地农民的收入比高达 3.37。我们计算了 1990—2021 年间农民人均可支配收入的省际变异系数,结果发现数值始终大于 0.3,表明不同省区市农民通过收入分配共享经济发展成果的差距较大。但进入新时代以来,变异系数呈现一定程度的下降趋势,反映出农民收入省际差距有所改善(图 2-7)。

分四大区域板块考察,东部地区农民的收入水平最高,其次分别是东北地区、中部地区,而西部地区的农民收入最低。不过,就变化趋势来看,中部、西部地区农民同东部地区农民的收入差距总体上在趋于缩小;而东北地区农民与东部地区农民的收入差距则先降后升——在 2012 年前有所缩小但之后又逐步拉大(图 2-8),后者与近十年来东北地区经济衰退有较大关系。

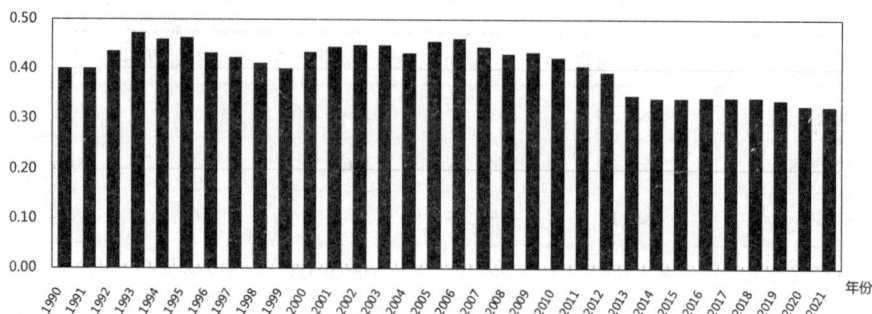

图 2-7　农民人均可支配收入省际变异系数的变化

资料来源：根据历年《中国统计年鉴》相关数据计算。

注：1990 年前缺少分省区市数据，故未做计算。

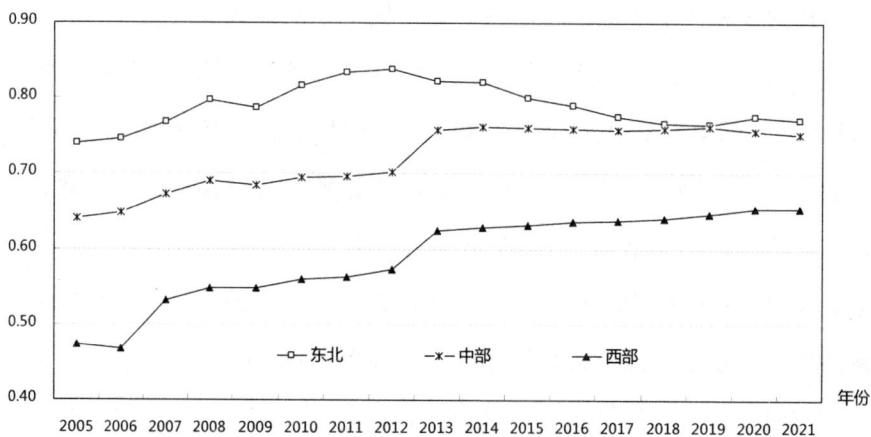

图 2-8　其他地区与东部地区农民人均可支配收入差距的变化（东部地区=1）

资料来源：根据历年《中国统计年鉴》相关数据计算。

注：①某区域农民人均可支配收入等于该区域农民可支配收入总和除以该区域农村总人口；②2005 年前缺少分省区市人口数据，故未做计算。

第三章

制度因素影响农民在收入分配环节共享
经济发展成果的机理

制度因素对农民在收入分配环节共享经济发展成果有重要影响。本章构建了一个"生产条件-分配过程"理论框架,在此基础上,将影响农民在收入分配环节共享经济发展成果的制度因素归为生产条件制度、收入分配制度两大类,其中,收入分配制度包括收入初次分配制度和收入再分配制度。各种生产条件制度与收入分配制度在影响农民整体收入水平的同时,也影响到农民与其他经济主体间收入分配关系以及农民内部收入分配格局,本章旨在深入洞察并揭示相关制度影响农民在收入分配环节共享经济发展成果的内在机理。

第一节　制度的影响:基于"生产条件-分配
过程"理论框架的解释

农民在收入分配环节共享经济发展成果的结果,首先与收入分配过程直接相关;但另一方面,由于生产决定分配,它也同分配之前的生产环节特别是其中的生产条件密切相关。资源、机会和能力是构成生产条件的主要内容，农民之所以能参与收入分配、获得各种形式的收入，是因为他们掌握了一定的经济资源，[①] 拥有一定的参与经济活动的权利和机会，并具备了一定的利用资源要素和经济机会赚取收入的能力。资源、机会和能力可以视为获得收入的前提条件，三者的变化会改变农民在收入分配过程中的地位和处境，进而改变农民在收入分配环节共享经济发展成果的结果。有些制度因素，会通过直接介入收入分配环节，成为收入分配体系的一部分而作用于收入分配过程，影响到农民共享经济发展成果的结果。同时，还有一些制度因素，它们虽然并不介入收入分配环节，但因为涉及农民的生产条件，所以也会对农民在收入分配环节共享经济发展成果的结果产生作用。本节拟通过构建一个"生产条件-分配过程[②]"的分析框架，并将相关制度因素嵌入其中，为制度如何影响农民在收入分配环节共享经济发展成果提供一种理论解释。

一、"生产条件-分配过程"理论框架的提出与构建

在"生产条件-分配过程"框架中，生产条件是先于分配过程的前定因素，收入分配的结果不仅取决于分配过程本身，也受到生产条件的影响。所以，制度因素影响农民在收入分配环节共享经济发展成果的机理，不能局限在收入分配过程本身考察，而需要延伸到收入分配之前的生产条件层面，置于资源、机会、能力与收入相关联的整体性框架中加以分析。这一方面有助于更全面地认识制度因素在农民共享经济发展成果中的作用；另一方面能更深刻地揭示制度因素影响农民共享经济发展

---

① 掌握经济资源是指拥有这些经济资源的产权。

② 这里的分配过程专指收入分配过程。

成果的深层次机制。收入分配过程与收入分配结果间的关系较易理解，下面重点探讨生产条件与收入分配过程和结果的关系。先阐释构成生产条件的资源、机会、能力的内涵及其对收入的影响，然后再进一步分析资源、机会、能力间的交互作用。

1. 资源、机会、能力的内涵及其对收入的影响

经济资源是可用于创造财富的具有稀缺性的各种自然资源、实物资产、货币资金、劳动力资源、技术资源、数据和信息资源的总和。对于不同经济主体，经济资源所指的具体内容有一定区别。当考察对象为居民时，经济资源主要包括自然资源、实物资产、货币资金、技术资源、数据和信息资源，至于劳动力本身则纳入能力范畴。在按生产要素分配的条件下，掌握经济资源是经济主体参与收入分配、获得收入的先决性因素，经济资源状况直接关乎经济主体在收入分配中的相对地位，并且，最终收入水平受到经济资源数量、结构与质量的显著影响。经济机会指经济主体在被赋予一定经济权利的基础上，通过参与各种经济活动而实现经济利益的现实可能性，它是经济主体获取收入的另一个重要前提条件。如果某经济主体与别人相比，实现经济利益的途径方式更多、可能性更大，就意味着比他人拥有更多的经济机会。经济机会越多，在收入分配过程中就越具有优势，从而越有可能获得更多收入。在实践中，经济机会表现在诸多方面，如市场进入、获得就业、商品交易、获取金融资源、表达利益诉求等。

除了资源与机会外，能力也是影响收入分配过程和结果所不可忽视的因素。学界对能力的内涵有诸多不同的理论界定，就本书所探讨的主题而言，最具启发性的是阿玛蒂亚·森提出的"可行能力"。森

（2002）认为，可行能力是有可能实现的、各种可能的功能性活动的组合，它本质上是一种自由，即实现各种可能的功能性活动组合的实质自由。可行能力的提出，弥补了传统福利经济学所忽视的人际相异性、选择自由等问题。收入与可行能力是密切联系在一起的，两者通常呈正相关性。根据森的理论，一方面，随着可行能力的提升，将现有资源和机会转化为经济收益的效率会提高，从而增强人们赚取收入的能力；另一方面，收入水平的提高也将起到提升可行能力的作用，使人们在经济社会生活中享有更多的自由。借鉴阿玛蒂亚·森的可行能力概念，本书将作为生产条件构成内容之一的能力定义为：按照自己的意志，通过优化资源配置和充分利用机会合理赚取收入的自由。这种自由，也可视为"可行能力"在收入分配领域的具体化，即收入获取能力。收入获取能力既取决于经济主体的内在素质和能力，也同外部经济社会条件相关，为了与经济机会相区别，本书中的收入获取能力主要指的是内在能力。

2. 资源、机会、能力间的交互作用

资源、机会和能力作为生产条件的构成内容，对收入分配与收入形成具有重要影响，但这三者之间并非彼此孤立，而是有机关联、相互作用的整体。洞悉资源、机会、能力之间的交互作用，可以更全面而深刻地认识生产条件对收入所产生的复杂影响。

第一，经济资源是得到某些经济机会的前置条件。在现实中，经济机会往往并不是对所有经济主体都具有同一性的。有时，政府或其他单位通过法令、政策或契约规定，要求经济主体只有满足的一定经济资源条件，才能获得相应的经济机会。经济资源由此变成了获得经济机会的前提。在另外一些情况下，尽管没有名义上的限制，但经济资源的状况在事实上仍会成为影响经济机会可得性的隐性因素。此时，经济资源短缺或质量不高者，在争取经济机会的过程中就会遇到各种隐性门槛。

第二，经济机会有助于促进资源利用、改善资源状况。将现有经济资源通过有效途径投入到财富创造活动中去，它们能获得合理利用并实现充分增值；另外，借助某些经济机会，人们还有可能获得新的经济资源，由此起到扩大资源总量、优化资源结构与提升资源质量的作用。

第三，经济资源与机会影响到收入获取能力的发挥程度。尽管收入获取能力本身很少受到资源和机会的直接影响，但在现实中，收入获取能力发挥作用的空间及实现程度，与现有的资源状况和可得机会密切相关。经济资源和机会的缺乏，会对收入获取能力的发挥形成制约效应。由于经济机会同涉及经济权利的制度安排有较大关联性，而资源状况较难在短期内通过人为力量的作用发生较大变化，因此，经济机会对收入获取能力发挥所产生的影响更需要加以关注。

第四，收入获取能力关系到资源、机会的利用和转化水平。在经济资源与经济机会相同的情况下，经济主体获取收入的结果依然会出现差异，这是因为不同经济主体利用既定资源和机会赚取收入的能力并不相同。收入获取能力在很大程度上决定了将现有资源与机会转化为收入的水平高低。收入获取能力越强，利用现有经济资源的效率越高、资源带来的经济收益越多；收入获取能力越强，更容易捕捉到经济机会，更有可能通过各种方式实现收入最大化目标。反之，当收入获取能力不足时，即便有良好的经济资源和经济机会，也难以获得同资源和机会状况相匹配的收入。

二、将制度因素嵌入"生产条件-分配过程"理论框架

收入分配过程总是在一定的收入分配制度下进行的。有些制度因素，直接内嵌于收入分配环节之中并对收入分配过程发挥支配作用，由此成为收入初次分配制度或收入再分配制度的组成部分，这是制度因素嵌入"生产条件-分配过程"框架的第一种途径。具体来看，收入初次分配制度由按劳分配制度和按要素分配制度构成，其中，按要素分配制度实质上就是生产要素拥有者凭借其要素产权，取得同要素贡献相匹配的收入的制度。收入再分配制度是在初次分配收入基础上，确定各种现金或实物经常转移规则的制度，包括直接税制度、社会保障制度、财政转移支付等。

另外有一些经济社会制度，它们并不属于收入分配制度范畴，也不直接介入收入分配过程，但它们同作为收入分配前定因素的生产条件有关，所以也会间接影响到收入分配的运行过程和结果。本书将这类经济社会制度统称为生产条件制度因素，生产条件制度对收入分配过程和结果产生前定性影响，是制度因素嵌入"生产条件-分配过程"框架的第二种途径。

还有某些制度，既直接介入收入分配过程，属于收入分配制度范畴，同时又会对生产条件带来一定程度的影响，兼有生产条件制度的性质，较典型的是遗产税、医疗保障①等。对于这类制度，本书在类型划

---

① 遗产税和医疗保障都属于收入再分配制度，同时，遗产税会减少下一代人所拥有的经济资源总量，医疗保障有助于健康人力资本进而收入获取能力的维护，所以两者兼有生产条件制度的性质。

分时仍归属到收入分配制度中，但同不影响生产条件的那些纯粹收入分配制度作出必要区分。著者将制度因素嵌入"生产条件-分配过程"理论框架的表现形式绘制在图 3-1 中。

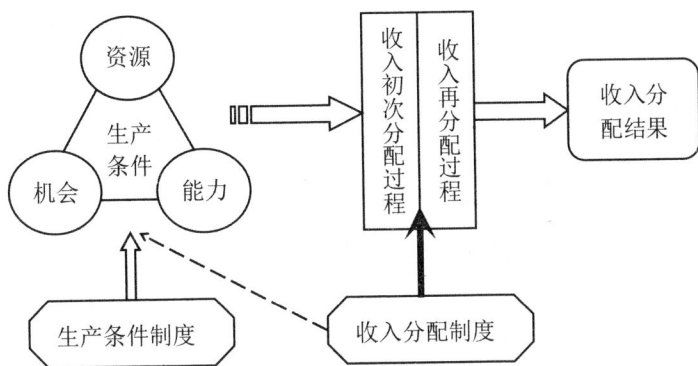

图 3-1 制度因素嵌入"生产条件-分配过程"理论框架

关于收入分配制度的含义与内容，学界已有比较明确而详尽的论述，这里仅作几点补充说明：第一，我国的收入分配制度要放在按劳分配为主体、多种分配方式并存这一基本经济制度下来认识和理解。其中，多种分配方式主要指按要素分配，按要素分配制度的核心是生产要素价格的形成机制，具体包括工资形成机制、利率形成机制、地价形成机制等。第二，在按劳分配与按要素分配相结合的分配制度下，工资性收入同时包括按劳分配收入和按劳动要素分配收入两种不同性质的收入。第三，个体劳动经营者获得的经营性收入也可看作为是按要素分配的结果。经营收入扣除经营成本（会计成本）的余额即经营净收入，可视为个体劳动经营者使用自有生产要素获得的报酬。

至于生产条件制度，现有文献少有相关论述，需要在此做一些阐释说明。按照生产条件的主要构成内容，可以将生产条件制度划分为相应的三种类型：一是影响经济资源的制度。在短期内就个体而言，经济资源的拥有状况通常是较为稳定的，但制度因素仍可以在一定程度上调节经济资源在不同个体之间的配置，以此增进收入分配的起点公平。德沃金（Dworkin，1981）的资源平等理论甚至主张"在人群中分配或转移资源，直到进一步的资源转移再也无法使他们在总体资源份额上更加平等"。尽管在现实中，几乎不可能达到德沃金所构想的那种理想状态，但通过遗产税、财产权再分配等制度手段，还是能够起到缩小个体间经济资源占有不平等、促进收入分配结果公平的作用。二是影响经济机会的制度。经济机会同制度安排是密切相关的，制度安排所赋予的经济权利（集）构成了经济机会的核心要素。每一个经济行为人参与经济活动的经济机会受到的制度约束不仅是明确显见的、不同的，而且是不断变动的，研究经济行为人的经济机会不能脱离具体制度约束下的比较（周冰、万举，2006）。当特定的制度环境与结构发生变化时，各种经济主体间的相对经济机会也会相应地变化，而这将进一步引起经济主体间收入分配格局的变动。三是影响收入获取能力的制度。对于个人来说，其获取收入的能力由先天因素与后天因素共同决定，其中，后天因素受制度的影响很大。在进入知识经济时代后，以教育制度和职业培训制度为核心的人力资本制度，成为影响个人收入获取能力的最重要制度安排。

三、制度嵌入性"生产条件-分配过程"框架的运用

运用上文所述的制度嵌入性"生产条件-分配过程"理论框架，可以对影响农民在收入分配环节共享经济发展成果的制度因素进行梳理和归类。

先从收入分配前的生产环节来看，同农民收入相关程度较高的生产条件制度主要包括：农村公共产品与服务供给制度①、城乡就业制度、城乡人口流动管理制度、农村集体产权制度②、农村金融制度③、涉农教育和培训制度④。其中，城乡就业制度和农村集体产权制度主要影响经济机会，农村金融制度直接影响的是经济资源状况，涉农教育和培训制度直接影响的是收入获取能力，农村公共产品与服务供给制度既影响经济资源又影响经济机会，而城乡人口流动管理制度同时对经济机会和收入获取能力产生影响。

再从收入分配过程来看，与农民关系密切且对其收入影响较大的收入分配制度，在初次分配阶段主要有农民工工资制度、农产品价格政策⑤、农地流转价格机制、农村集体经济收益分配制度、农业产业化经营利益分配机制等，在再分配阶段主要包括农民养老保障制度、农民医疗保障制度、农民工失业保障制度、农民最低生活保障制度、农业补贴政策等。在上述收入分配制度中，农民医疗保障制度、农民工失业保障

① 这里的农村公共产品与服务供给制度不含农村社会保障制度、农村公共教育制度，其中，农村社会保障制度放在收入分配制度中，而农村公共教育制度纳入涉农教育和培训制度中作为另一种生产条件制度。
② 作为生产条件制度的农村集体产权制度，不含财产收益权制度，该项制度属于收入分配制度范畴（因为财产收益权制度直接关系到财产性收入的分配与获取）。
③ 农村金融制度中涉及利率的制度，属于收入分配制度，故不作为生产条件制度进行讨论。
④ 涉农教育和培训制度，主要指农村国民教育制度及其他针对农村居民的各类教育政策、农民和农民工的职业培训政策等。
⑤ 农产品价格政策直接影响到农民的农业经营性收入，这是农民初次分配收入的重要组成部分。从要素分配角度来看，农产品价格的变化会导致农产品销售收入的变化，从而影响农民在农业生产中使用自有生产要素获得的收入水平。因此，基于广义角度作拓展理解，本书也将农产品价格政策纳入收入初次分配制度中加以考察。

制度以及部分农业补贴政策还会对农民的生产条件带来一定影响，兼有生产条件制度的部分属性；而其他各项制度只作用于收入分配环节，对农民的生产条件基本不产生影响。当然，在收入分配过程中，还有其他一些影响农民收入的分配制度，如利率制度、个人直接税制度等；但鉴于这些制度对城乡居民均有普遍性作用，再加上它们对农民收入的影响程度总体而言不大，故本书不拟专门探讨这些制度因素。根据如上分析，可构建出如图3-2所示的影响农民在收入分配环节共享经济发展成果的制度体系。

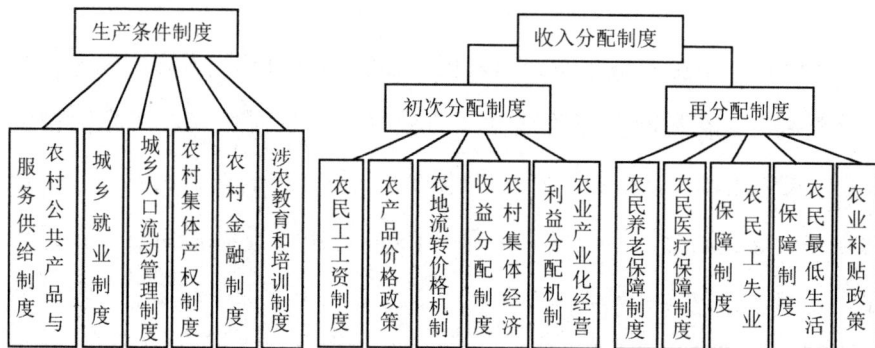

图3-2 影响农民在收入分配环节共享经济发展成果的制度体系

农民在收入分配环节共享经济发展成果的状况，主要通过农民总体收入水平、农民与其他经济主体间收入分配格局、农民内部收入分配格局表现出来。上述三方面的表现，全方位地反映了农民在收入分配环节共享经济发展成果的最终结果。涉及农民的生产条件制度和收入分配制度，对农民总体收入水平的影响是显见的。现在需要探讨的问题是，这些制度为何会对农民与其他经济主体间收入分配格局以及农民内部收入分配格局产生重要影响？

回答该问题的关键点在于：一是收入分配制度对农民与其他经济主

体或不同农民群体间收入分配关系的直接规定性。在收入分配制度中，有不少直接确定了农民与其他经济主体或者不同农民群体间的收入分配关系，如农民工工资制度确定了农民工与受雇企业之间的收入分配结果，农村集体经济收益分配制度规定了村民和村集体间的收入分配规则，农民最低生活保障关系到低保户与非低保户间的收入分配差距等。二是不同人群所处制度环境的差异性。由于我国城乡二元经济社会结构的原因，城镇居民和农村居民所面临的生产条件制度和收入分配制度并不统一，不少制度是城乡有别的，突出反映在城乡公共产品与服务供给、城乡就业、城乡户籍、城乡社会保障等方面。生产条件制度的差异，造成城乡居民在拥有经济资源、获得经济机会、培育收入获取能力上的差异，这成为引发城乡居民收入不平等的根源。至于收入分配制度的二元结构，则是城乡居民收入分配不公的直接原因。另外，从农民内部来看，不同群体所面临的生产条件制度、收入分配制度状况也不尽相同，如农村集体经济收益分配制度、农民社会保障制度的地区差异就是一种典型表现，这也会影响到不同农民群体之间的收入分配。三是制度效应的人际差异性，这主要是针对生产条件制度而言的。即使在生产条件相同的情况下，由于其他影响因素的交互作用，同一制度对不同人群收入所产生的效应也会有所差异。如不少实证研究表明，教育制度对不同性别、不同收入水平人群的效应就不相同（高梦滔、和云，2006；白雪梅、李莹，2014）。城乡居民间以及不同农民间的相对收入及其变化，往往同生产条件制度效应的人际差异性有关。

第二节　生产条件制度的影响及其作用机制

本节主要分析农村公共产品与服务供给制度、城乡就业制度、城乡人口流动管理制度、农村集体产权制度、农村金融制度、涉农教育和培训制度对农民共享经济发展成果带来的影响并剖析这些制度发挥作用的内在机制。

一、农村公共产品与服务供给制度的影响及作用机制

学界早在十多年前就关注到农村公共产品与服务供给对农民收入具有重要影响。张雪绸（2005）指出，农业经济的发展明显依赖于农村公共产品这一农业生产的外部条件，该条件的优劣直接影响到农业生产及农民的收入水平。王国华、李克强（2003）和张秀生（2007）等学者进一步说明，农村公共产品供给关系到农村私人产品的产出效率，进而对农民收入产生影响。结合前文所述的分析框架，从理论机制来看，农村公共产品与服务供给制度对农民收入的影响，主要是沿着"供给制度→供给状况→资源/机会→收入"的路径产生作用的。

首先分析农村公共产品与服务的供给制度对其供给状况的影响机制。农村公共产品与服务的供给制度由公共选择制度、筹资制度、生产制度、监督管理制度、激励制度等构成。上述各项制度安排及其组合协同，是决定农村公共产品与服务供给状况（包括供给的范围、数量、效率、结构与质量）的重要因素：（1）公共选择制度主要指需求表达

机制和供给决策机制。需求表达方式是否民主、需求表达渠道是否顺畅关系到农村公共产品和服务供需结构的匹配性；而供给决策机制则是对农村公共产品与服务供给最终结果有直接决定作用的制度安排。（2）筹资制度的核心是农村公共产品与服务的成本分担问题。如何在各级政府、农村集体经济组织、农民家庭等经济主体间形成合理的成本分担方式，主要取决于公共产品与服务的性质，合理的成本分担机制能促进公共产品与服务的供给，反之则有可能导致供给的不足。（3）生产制度解决的是由谁来具体负责生产公共产品或提供公共服务的问题，该制度最主要影响的是农村公共产品与服务的供给效率。（4）监督管理制度是指对生产公共产品和提供公共服务的过程实施监督以及对公共产品与服务进行日常管理的制度，农村公共产品与服务的供给质量与此制度密切相关。（5）激励制度是政府通过一定的激励手段与政策（如财政补贴、税收优惠等）支持相关经济主体参与农村公共产品与服务供给的制度，它对扩大供给范围与数量、提高供给效率、优化供给结构均能起到积极作用。

接着探讨农村公共产品与服务供给状况对农民经济资源和经济机会的影响，这主要体现在生产性公共产品与服务方面，其具体的作用机制为：（1）农村生产性公共产品与服务是农民经济资源的组成部分，为农民开展生产经营活动、获取收入提供必要的物质技术支撑。农民在从事农业和非农生产经营过程中，所需要的经济资源不仅包括私人经济资源，还包括公共经济资源，而农村生产性公共产品与服务就是公共经济资源的最主要构成内容。农民所能获得或享受到的生产性公共产品与服务状况直接影响到农民创造财富的各种经济活动的效率和收益。其原因在于，绝大多数的农村生产性公共产品与服务，是作为一种中间投入品或者说是一种生产要素直接参与到生产经营活动中去的。这些公共产品与服务，能起到降低私人生产经营成本、提高劳动生产率、减少市场风险等作用，最终促进农民经营净收入的增加。（2）农村生产性公共产品与服务的供给状况，直接或间接影响到农民经济机会的多寡与便利性。其原因在于，某些农村生产性公共产品与服务同农民获取收入的经济机会存在密切关系，例如农村市场信息服务的水平和质量，会影响到农民对市场机遇的把握和利用程度；再如，农地流转服务是否完善关系到有意转让土地的农户能否顺利实现土地转让、获得财产性收入。所以，促进农村生产性公共产品与服务的有效供给，能够拓宽农民获取收入的途径，并使农民获得更多更高收入的可能性增加。

二、城乡就业制度的影响及作用机制

通过受雇就业获取工资性收入是农民在收入分配环节共享经济发展成果的重要途径，而拥有就业机会是获得工资性收入的前提。城乡就业制度对城乡劳动力就业做出了制度安排，作为影响农民就业机会的主要因素之一，该项制度关系到农村劳动力自由转移到非农部门就业的可能性与难易程度。城乡就业制度的核心是城乡居民的就业权利，即城乡劳动者自由地寻找就业机会、选择职业和接受工作的权利①。公平的、对城乡劳动者一视同仁的就业制度，能充分保障城乡劳动者就业权的平等，使全体劳动者在就业准入、享受就业服务、获得就业信息、就业退

---

① 这里的就业权利是从狭义上界定的，即仅指寻找就业机会过程中的相关权利，而不包括劳动报酬、劳动保护、失业保障等方面的权利。

出上平等地享有权利，这有助于农民在就业市场上同城镇居民开展公平竞争，并找到与其自身就业意愿和劳动素质最相匹配的工作岗位。反之，歧视农民的不公平的城乡就业制度，会破坏劳动者就业权平等原则，造成农民在寻找就业机会的过程中无法享有与城镇居民同等的权利，进而导致农村劳动力在就业市场上处于不利境地。

由城乡就业制度不公平、不统一引发的城乡就业市场分割与农民工就业歧视，会减少农民在非农部门受雇就业的机会，阻碍农民工资性收入的合理增长，并使城乡居民收入不平等趋于扩大。结合现实分析，城市偏向的就业制度对农民就业机会和工资性收入带来的负面影响，主要通过以下四方面表现出来：（1）缩小农民转移就业的空间。当政府或企业在就业准入环节对农民工采取限制性措施时，农村劳动力就无法或较难进入某些领域，其就业范围自然就小于城镇劳动力群体，这种制度性排斥将造成农民工资性收入来源途径的减少。（2）降低农民对就业机会的利用程度。就业信息对劳动者搜寻工作岗位、实现成功求职具有重要作用，在现代就业市场上，提供就业信息是政府就业服务的一项主要内容。偏向于城镇劳动力的就业信息服务，会造成部分农民工因信息不对称而失去原本可得的较好工作机会，使其就业收入受到一定损失。（3）增加农民到城镇就业的成本。在城乡就业市场分割的情况下，农民进入城镇就业通常会面临比城镇居民更高的制度性交易成本，这类成本主要源于和就业、居住相关的各种手续及收费。另外，城乡居民在享受公共就业服务上的不平等，也将抬高进城农民工相对于城镇居民的就业成本。（4）形成农民工就业拥挤效应。就业拥挤理论表明，由于就业歧视将某类求职群体限定在特定的就业范围中，使得这些求职者因无法进入其他就业领域而被迫挤在狭小的就业空间中，从而导致就业拥挤现象的发生（Hutchens，2001）。对农民工就业的制度性歧视，也会形成就业拥挤效应，此时，通常会出现劳动力供过于求的状况，使农民工的劳动报酬被压至一个相对较低的水平。

三、城乡人口流动管理制度的影响及作用机制

城乡人口流动管理制度是对人口城乡间流动行为进行管理的制度，这项制度安排影响到城乡间人口流动的自由度与成本。当政府对农村人口向城市流动采取限制性措施时，将阻碍农村人口在城市中获得经济机会，使农民在同城镇居民的竞争中处于弱势地位，这显然不利于农民收入的增长。不仅是经济机会，人口流动制度对收入获取能力也会产生影响。贝克尔（Becker，1962）认为，除了教育、培训和健康投资外，人口的流动和迁移也是人力资本投资的一种方式；萨斯塔（Sjaastad，1962）进一步指出，迁移作为一种能提高人力资本的投资，有助于促进资源有效配置、增加经济收益。因此，人口流动制度对人口迁移的影响还会产生一定程度的人力资本投资效应，进而改变农民获取收入的能力。对农村人口流向城市的管制，会提高迁移的成本，导致部分农民出于成本收益考虑而放弃迁移，由此抑制人力资本水平与收入获取能力的提升。

户籍制度是人口流动管理制度的重要组成部分。一般意义上的户籍制度，主要目的是用于确认公民身份以及统计人口信息，同公民权利与人口流动并无多少直接联系，通常不会对人口的发展机会和跨地区流动产生影响。但是，如果户籍制度附加了一些额外功能，如社会福利分配、人口迁移管制等，情况就会出现变化。此时，户籍就同居民经济、社会、政治权利的实现联系在一起，城乡居民户籍身份的差异，将引发公民权利的差异进而机会的不平等，这是导致城乡居民收入差距的一个重要根源。另外，当户籍制度处于城乡二元分割状况、对农民进城设有准入门槛时，农民向城市的流动与迁移就会面临各种壁垒，农村户口成为制约农民自由迁徙的制度障碍，这自然会弱化人口迁移的人力资本投资效应，对农民提升收入获取能力与实现收入增长产生负面影响。

四、农村集体产权制度的影响及作用机制

农村集体产权制度是关于农村集体资产属于谁，由谁来占有、经营、管理、监督，以及产生收益如何分配的一系列制度安排（高强、孔祥智，2019）。由于土地是农村最重要的集体资产，而集体经济是农村经济相比城市经济的突出特色，所以，农村土地产权制度和农村集体经济产权制度构成了农村集体产权制度的核心。产权是由所有权、占有权、支配权、使用权、收益权、处置权等诸多权能构成的一个整体。因此，农村集体产权制度安排所要处理的主要问题，就是上述这些权能的分配、确认及保护。农村集体产权制度对农民在收入分配环节共享经济发展成果的影响，主要是通过改变经济机会状况而实现的，这种经济机会来源于产权，同农村集体产权制度安排相关：（1）从权能分配和拥有权能范围的角度看，赋予农民更充分的产权权能，可使其获得更多的经济机会，进而在收入分配中更好共享经济发展成果；反之，产权权能的缺失和不足，将造成农民可得经济机会的减少，削弱其参与国民收入分配的能力。（2）从权能界定与确认的角度看，权能界定越明晰、确认越完备，利用产权所带来经济机会的成本就越低；相反，如果权能模糊或未充分确认，在凭借产权开展经济活动、赚取收入时将会面临额外成本。（3）从权能保护的角度看，产权保护机制严格有效时，依附于产权的经济机会将更具可实现性，利用这些经济机会获取收入也将更有保障。

在以往研究中，农村集体产权制度主要同农民财产性收入相关联，从表面上看，农村集体产权制度所影响的是农民获取财产性收入的机会。但事实上，除了财产性收入外，农村集体产权制度还会对农民获取经营性收入的机会产生作用。在农用地、宅基地等方面赋予农民更加完整和自由的财产权利，可以激励农户利用这些财产开展经营活动，从而增加经营性收入实现的可能性。特别是产权改革促进农地流转的效应，将给土地规模经营带来机遇，并由此提高农业经营收入水平。此外，农村集体产权制度还能以经济机会作为中介间接影响到经济资源层面。一方面，由于产权制度的完善拓宽了农村集体资产用于财富创造活动的机会，农村集体资产的利用效率将得到提高，农村经济资源将因此获得更充分有效的使用、加快价值增值；另一方面，某些赋权行为（最典型的就是抵押融资权）还可以使农民借助现有财产获取新的经济资源、扩大其所拥有的资源总量，这通常也有利于其收入增长。

五、农村金融制度的影响及作用机制

货币资金是农民可支配经济资源的重要组成部分，农户货币资金从其来源途径看，包括自有积累和外部融资两种渠道，其中，后者高度依赖于农村金融体系。基于麦金农模型的拓展分析表明，信贷约束与消费约束、技术封闭的共同作用可能导致农户长期处于低技术、低信用及低收入的低级均衡状态（陈雨露、马勇，2010）；而农村金融的支持可以破除资本供给不足约束下的"锁定效应"（王永龙，2004），使农户摆脱低收入均衡状态。从农村金融体系获得生产性融资后，农户的初始经济资源禀赋条件将得以改善，这有助于其扩大生产经营规模、改善物质技术装备，由此增加经营性收入。除了生产性融资外，农民在教育、医疗等消费领域也会有借贷需求。农村金融体系所提供的消费性贷款，能增加农民用于上述消费的货币经济资源，为扩大家庭人力资本投资创造了有利条件，从而间接起到促进收入获取能力提升的作用。

农村金融体系是在一定的制度安排下运行的，农村金融制度确定了农村经济领域各类金融交易的规则、程序和组织模式。农村金融制度的覆盖范围既包括政策性金融、商业性金融、合作性金融与新型金融等农村正规金融，也包括农民个人借贷、地下钱庄、合会等农村非正规金融。对农村金融制度的调整与改革，将改变农村金融市场参数和农村金融运行方式，进而使农村金融对农民外部融资的作用效果发生变化，这种作用既表现在总量上也反映在结构上。一方面，农村金融制度影响到农民外部融资的总量。涉及培育农村金融机构、鼓励涉农金融业务、放宽涉农信贷限制的相关政策，将起到扩大农村地区金融资源供给的作用，帮助农民获得更多的外部融资。另一方面，通过有目的性的制度设计，农村金融制度还可以调节金融资源流向，进而改变农户间的货币资金水平差距。通常而言，普惠性和益贫性导向的金融制度与政策安排，如降低信贷门槛、开展扶贫小额贷款、实施贫困户贷款贴息政策等，将使低收入农民获得更多低成本的外部资金扶持，由此改善农户间拥有货币资产不平等的状况。

六、涉农教育和培训制度的影响及作用机制

现代人力资本理论表明，教育和培训是投资人力资本、形成人力资本积累的两种主要途径（Schultz，1961）。教育和培训带来的人力资本改善效应，有助于提升农民在市场上获取收入的能力，由此实现更高水平的收入，这主要表现为：从生产经营角度考察，具有更高人力资本存量的农民，能更好采用先进的生产技术和经营方式，增强获取经营性收入的能力；从受雇就业角度考察，有较高受教育程度或职业技能的农民，能凭借人力资本优势进入高收入行业就业、获得高层次职位，从而拥有更强的获取工资性收入的能力。

与农民相关的涉农教育和培训主要包括农村国民教育、农民职业教育、农民（工）职业技能培训等，它们的（准）公共产品属性较强，在供给过程中要求有效地发挥好政府职能。政府所制定的涉农教育和培训制度，可以通过保障农民接受教育培训的权利、扩大涉农教育培训资源供给总量、优化涉农教育培训资源配置结构、减轻农民接受教育培训个人成本负担等途径，对涉农教育培训服务供给与农民接受教育培训状况产生积极影响，进而促进农民的人力资本投资与积累，最终起到提升农民收入获取能力的效果。不过，由于教育和培训在目的、内容、对象等方面有较大区别，涉农教育制度、涉农培训制度对农民人力资本与收入获取能力的具体影响，存在一定程度的差异。从时间维度看，接受国民教育一般是在进入劳动力市场前，因此涉农教育制度作用效果的显现有较长的时滞性；与之相比，培训往往是现学现用，涉农培训制度能在

较短时期内显现出效果。再从影响内容看，学历教育主要影响的是农民的文化知识与综合素质，所以，涉农学历教育制度对农民收入获取能力的提升作用，更多表现在生产经营决策能力、管理能力以及从事知识密集型工作等方面；而涉农培训主要影响的是农民的实用技能，所以，涉农培训制度对农民收入获取能力的提升作用，更多体现在农业生产以及非农技能型职业与工作等方面；至于农民职业教育制度的作用，则介于以上两者之间。

第三节　收入初次分配制度的影响及其作用机制

本节主要分析农民工工资制度、农产品价格政策、农地流转价格机制、农村集体经济收益分配制度、农业产业化经营利益分配机制对农民在收入初次分配阶段共享经济发展成果带来的影响并剖析这些制度发挥作用的内在机制。

一、农民工工资制度的影响及作用机制

在市场经济条件下，劳动者的工资是由市场所决定的，政府在工资形成中的作用，主要是制定法律维护劳动者的合法劳动报酬权益，并采取一些必要的干预政策（如最低工资制度等）对市场工资加以引导和调节。本书中的"农民工工资制度"，是对政府所实施的对农民工工资具有重要影响的工资制度和政策的总称，但这些制度和政策的对象并不一定仅限于农民工。结合中国实际，重点分析最低工资制度对农民工工

资的影响，同时对工资指导价制度、反工资歧视政策与工资支付保障制度的作用也略做探讨。

最低工资制度的基本目标是提高低收入劳动者的工资水平，保障低收入劳动者的经济权益，并降低工资收入的不平等程度。如果最低工资制度能得到较好落实，原先市场工资低于最低标准的那些农民工，将至少能获得最低标准的工资，从而增加工资收入。另外，由于最低工资"溢出效应"（Neumark etc.，2004）的存在，对于原先工资高于最低标准的农民工而言，随着最低工资标准的提升，他们的工资水平也会获得一定增长。所以，实行最低工资制度并逐步提高最低工资标准，有利于促进农民工总体工资水平的提升。但是，最低工资制度也可能给部分农民工的收入带来负面影响，这主要是因为提高最低工资标准可能引发低工资低技能农民工失业的增加。另外，最低工资制度还会影响城乡居民间收入差距的变化。相比较而言，农民工在低工资区间的集中度要高于城镇劳动力，因此，农民工群体最低工资上升中的获益程度通常高于城镇劳动者群体，由此产生缩小城乡居民收入差距的作用。不过，如前文所述，我们还需要考虑最低工资的就业效应。当最低工资标准处于适度区间时，实行最低工资并不会引发失业增加，这就有助于降低城乡居民收入的不平等程度；反之，如果最低工资水平设定过高，则会造成低工资低技能农民工失业增加，最终有可能反而扩大了城乡居民的收入差距。

除了最低工资制度外，工资指导价制度、反工资歧视政策与工资支付保障制度也会对农民工工资收入产生重要影响。工资指导价的目的是指导企业合理确定职工工资水平，工资指导价为农民工群体与企业开展工资集体协商提供了依据，能帮助农民工在劳动力市场上获得公平合理的报酬。长期以来，我国受劳动力市场与户籍分割的影响，一直存在农民工同工不同酬的工资歧视现象。制定反工资歧视政策，有助于消除或减少劳动报酬方面不合理的歧视性规定与行为，使农民工在劳动报酬上享有与城镇劳动者同等的待遇。在劳动报酬支付环节，企业有可能滥用工资分配权，克扣或拖欠农民工的工资。制定工资支付保障制度，能起到规范和约束企业支付工资的行为，切实维护好农民工的合法劳动报酬权益。在企业自律性不足的环境中，工资支付保障制度的重要性更显突出。

二、农产品价格政策的影响及作用机制

农产品价格完全依靠市场自发形成通常是不稳定的，政府对农产品价格的调节必不可少。农产品价格政策一般根据农业发展阶段和农产品市场形势来制定，通过对市场价格进行直接或间接干预，最终影响农产品价格的形成。农产品价格政策具有多元化目标，其中，收入目标占据重要地位。许多国家的政府将稳定农产品价格和销售收入、促进农民收入增长作为制定和实施农产品价格政策的一个重要目的。

农产品价格政策可分为抑制性价格政策、保护性价格政策与支持性价格政策三种典型类型，它们对农民农业经营性收入的影响差异较大。（1）抑制性价格政策不利于农业增收。在这种价格政策下，政府规定的农产品收购价格低于市场均衡价格水平，农民从农业生产中获益很少甚至无法获益。（2）保护性价格有助于稳定农业经营收入。为保证农民在农产品市场价格明显下跌时仍能获得必要收益，政府可通过实行最

低收购价减少和避免农民遭受的经济损失。但通常情况下，保护性价格政策主要发挥的是收入"托底"功能，不以提升收入水平为目标。（3）支持性价格政策能促进农业经营收入增长。政府为了扶持农业发展、提高农民收入，可为农产品规定一个高于市场长期均衡价格的政策价格。当即期市场价格高于政策价格时，价格随行就市；而当即期市场价格低于政策价格时，则由政府出面按照政策价格进行收购。显然，在支持性价格政策的作用下，农民农业经营收入增长将快于无政策干预时的情况。

更进一步考察，当采取不同的价格政策时，围绕农产品供求所形成的农民与消费者、政府间的利益分配关系格局也会有较大区别（见图3-3）：（1）先讨论实施抑制性价格政策的情况。设市场均衡价格和抑制性政策价格分别是 P_0 和 $\bar{P}$，不难看出，采用抑制性低价后，农产品产量和销售价格均出现下降，农产品收入从原先的 $P_0E_0Q_0O$ 减少到了 $\bar{P}GQ_2O$，农民的生产者剩余也减少了 $P_0E_0G\bar{P}$。消费者面临的价格有所降低，但因限价使供给缩减，会出现需求得不到充分满足的现象。消费者剩余从 IE_0P_0 变为 $IFG\bar{P}$，但不能确定其究竟是增加还是减少。如果政府以限价对农产品进行收购，那么收购支出将下降，这实际上意味着经济利益从农民手中转移到了政府手中。（2）再分析实行保护性价格政策的情况。当供给扩大时，在没有政策干预的情况下，市场均衡点从 E_0 变为 E_1。但政府出于维持价格与收入稳定的目的、避免"谷贱伤农"，采取了保护性收购价 P^*。这时，农产品销售量将从 Q_1 扩大至 Q_2，而销售价格则从 P_1 提高到 P^*。农产品收入的增加额可用 $P^*BE_1P_1 + BE_1Q_1Q_2$ 表示，其中 $P^*BE_1P_1$ 可视为实行保护价收购后农民

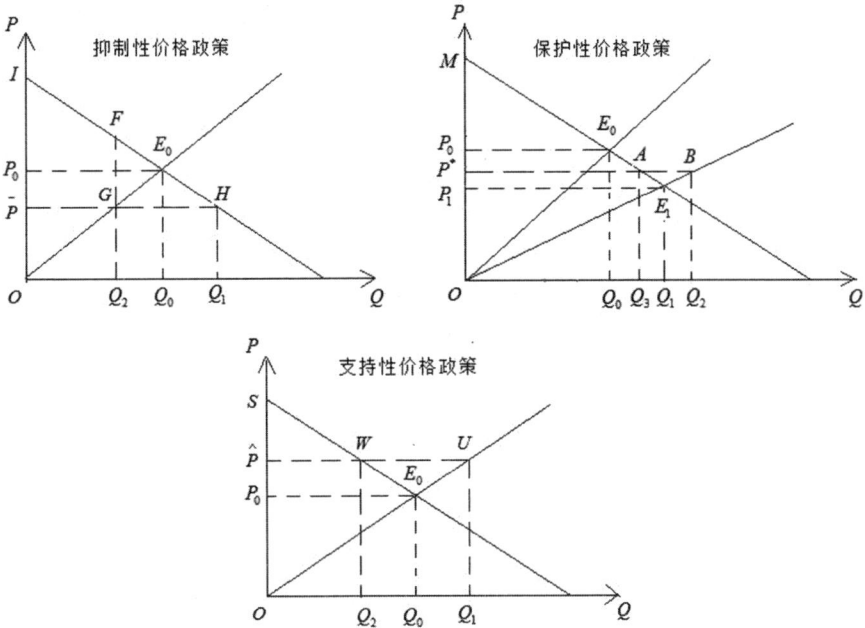

图 3-3　不同农产品价格政策下农民与消费者、政府间的利益分配

生产者剩余的增加值。但是，由于保护价高于市场均衡价，这导致消费者的需求减少并面临更高的价格，消费者剩余从无政策干预时的 P_1E_1M减少至 P^*AM，减少的 $P^*AE_1P_1$ 转为了生产者剩余被农民所获得。对于政府而言，也需要花费 ABQ_2Q_3 来消化市场上过剩的农产品 $Q_2 - Q_3$。

（3）最后考察采取支持性价格政策的情形。当支持性价格高于市场长期均衡价格时，农产品的供给量从 Q_0 扩大到 Q_1，销售收入增加额为$\hat{P}UE_0P_0 + UE_0Q_0Q_1$，其中 $\hat{P}UE_0P_0$ 为生产者剩余增加额。受高价影响，农产品的需求降至 Q_2，消费者剩余也从原先的 SE_0P_0 减少到了 $SW\hat{P}$，减少的 $\hat{P}WE_0P_0$ 转变成了农民的生产者剩余。另外，由于支持性价格下农产品市场供大于求，因此政府需要支付剩余农产品的收购款 $\hat{P}(Q_1 - Q_2)$。可见，实行高于长期均衡价格的支持性价格后，农民的农业经营收入因产量和价格的提高而增加；但与此同时，消费者福利减少、政府收购支出增加。所以，支持性价格政策使经济利益从消费者和政府向农民转移。

根据前面的分析，以农民增收与共享经济发展成果的程度为判断标准，支持性价格政策优于保护性价格政策，保护性价格政策又优于抑制性价格政策。但要注意的是，该结论是立足于农民收入利益最大化角度得出的，但农民收入只是制定农产品价格政策的考量因素之一，市场资源配置效率、各经济主体间利益平衡、城乡发展战略等因素同样不能忽视。尽管支持性价格政策相对而言最有利于促进农民增收，但当从其他角度考察时，该政策的弊端也较明显，如使消费者福利受损较多、加剧政府财政负担等。事实上，不同的农产品价格政策，具有不同的政策目标和实施条件，因而也各具有适应经济发展不同阶段的合理性（洪峰，1997）。所以，农产品价格政策孰优孰劣的结论，不能做孤立的、绝对化的理解。

三、农地流转价格机制的影响及作用机制

农地流转价格是农地各种不同权利进行流转的交易价格，在中国，农地所有权归农民集体所有不能交易买卖，因此农地流转价格专指农地承包经营权流转的价格。农地流转价格是农地流转过程中产权（承包权经营权）经济关系的反映，它直接关乎转出方和转入方之间的收入分配，对转出农地农民的财产性收入有重要影响。根据流转中参与主体的不同，可将农地流转模式大致划分为农民自发分散流转、政府①推动规模流转、中介机构介入流转，三种流转模式下农地流转价格的形成机制有所差异，对转出农地农民的收益会产生不同影响，下面展开具体分析。

在农民自发分散流转农地的情况下，转出农地的农户与转入农地的农户或企业通常采用协商定价机制。双方会从自身利益出发，综合考虑供求情况、流转年限、农地质量、区位条件等因素，通过议价谈判的办法确定流转价格。农地流转的方向多是从普通农户流向规模农户或农业企业，在这种情况下，转入方一般拥有比转出方更高的市场发现能力与价格谈判能力，据此获得议价优势地位和定价主导权。这可能会导致农地流转价格偏低，使转出农地农户的收益受到负面影响。

在政府主导推动农地规模流转的情况下，农地流转的交易成本会下降、流转效率将提高。② 然而，农民自发模式转向政府推动模式对农地流转价格与农地转出户收益带来的影响具有双重性。一方面，政府的介入使农地流转由分散的个体行为变成统一的集体行动，改变了农民在自发流转交易中的弱势地位；政府主导农地流转还将引致地租乘数效应、放大需求弹性，进而助推流转溢价（尚旭东等，2016），这些均有助于增加转出农地农户的收入和增进福利。但另一方面，政府为牟取自身利益也可能选择寻租，攫取本该属于农地转出方的部分收益，造成实际流转价格被压低，转出农地的农户利益受到损害。

在有中介服务机构介入农地流转的情况下，农地流转市场将从单边

---

① 这里的政府包括农村基层政府和农村集体组织。
② 这是与自发分散流转模式相比得出的结论。

市场转变为双边市场，这种市场结构变化对价格形成机制具有深刻影响。根据双边市场价格形成的一般规律，结合农地流转市场的具体特点，影响农地流转双边市场中介服务机构定价策略的主要因素包括：流转双方的供需价格弹性、网络外部性的强弱、中介平台机构观察农户参与和流转实现的难易程度、单归属还是多归属、排他性以及产品差异化等（申云，2012）。可见，同前两种农地流转模式相比，中介机构介入模式对农地流转价格和转出方收入的影响要复杂得多。

四、农村集体经济收益分配制度的影响及作用机制

农村集体经济收益分配制度既是农村集体经济组织的基础性制度之一，也是农村收入初次分配制度的重要组成部分。农村集体经济收益分配与农民收入有密切关系，合理的农村集体经济收益分配制度有利于促进农民收入增长、改善农村收入分配格局。农村集体经济收益的来源渠道较多，按类型划分主要包括经营收益、租赁收益、投资收益、资产处置收入、征地补偿收入以及财政补助等。分好"蛋糕"先得做大"蛋糕"，要形成健全的农村集体经济收益分配制度，首先得有稳定持续的集体经济收益来源。相比较而言，经营收益、租赁收益和投资收益具有较好的长期持续性，而资产处置收入与征地补偿收入并非经常性收入来源。因此，以前者为主的收益结构往往更有利于形成一个长效且完善的农村集体经济收益分配机制，使农民更可持续地共享农村经济发展成果。

农村集体经济收益分配制度包括集体经济组织（下文简称"集体"）与成员间、成员与成员间两个方面的分配制度。集体与成员之

间的利益分割，是由农村集体经济收益分配比例所决定的。一方面，农村集体经济组织承担着一定的公共职能，需要服务于集体共同利益，将一部分收益分配给集体，用于为集体成员提供公共产品和服务，可满足集体范围内所有成员的公共需要；另一方面，之所以要将集体经济收益分配给成员个人，是为了保障集体成员分享收益的私益性，这也是成员权的核心权能——收益分配权的体现。可见，农村集体经济收益分配要兼顾集体共同利益和成员个体利益，两种利益的平衡结果将决定农村集体经济收益分配比例，进而决定集体与成员间的收益分配格局。

至于成员与成员间的收益分配，主要取决于分配依据和规则的选择。从理论上讲，成员可以根据人口数、股份、积分等分得可分配收益（高海、朱婷，2022）。按不同依据和规则进行分配，成员与成员间的收益分配结果会出现一定程度的差异。如对于新增的集体成员，当采用按人口数分配时能分享到收益，而当实行按股份分配时就可能无法获得收益。将农村集体经济收益向成员进行分配时，出于社会公平性考虑可对老人、残疾人等弱势群体给予适当的倾斜。采用这种倾斜性的制度安排，将提高弱势群体在农村集体经济收益分配中的受益程度，使其更充分地共享农村经济发展成果。

五、农业产业化经营利益分配机制的影响及作用机制

农业产业化经营的一个重要特征是农民、农业龙头企业、农民合作社等多元主体基于互利互惠原则，围绕农业产业链开展协同经营并形成利益共同体。怎样合理分配在产业化经营中由参与方共同创造的收益，就是农业产业化经营利益分配机制要解决的问题，这直接关系到农民从农业产业化经营中获得的经济利益。在农业产业化经营中，农民同农业龙头企业等其他主体会发生各种形式的经济关系，主要包括劳动雇佣关系、产品交易关系、财产租赁关系和股权投资关系等，农民从中相应获得工资性收入、经营性收入与财产性收入等。可见，农民从产业化经营中获得收入的形式，取决于同其他主体结成的经济关系的性质。经济关系的多样化可推动利益联结的多渠道化，由此促进农民收入结构的多元化。

农民在农业产业化经营中能获得多少收益，占全产业链收益的份额多少，主要取决于以下因素：一是农民参与产业化经营的途径。除了售卖产品外，农民还可以通过受雇打工、土地出租、投资入股等方式参与产业化。参与的途径越广，农民与其他主体的经济联系就越多，利益联结也越紧密，进而有利于得到更多收益。二是农业龙头企业的市场势力。在产业化经营系统内部，企业的相对市场势力越强，其主导交易定价和利益分配的能力就越强，因此就越容易挤压农民的合理收益份额。三是产业化经营组织模式。农民合作社通过农民个体的抱团经营，旨在增进社员共同利益，在合作社运行机制健全的条件下，"合作社+农户"相比"公司+农户"更有利于推动利益分配向农民倾斜。另外，当合作社介入农业产业化经营时，还能增强农民与农业龙头企业的谈判能力，因此，对比"公司+农户"模式，农民利益在"公司+合作社+农户"模式下有望获得更好维护。四是农民与其他主体的利益联结紧密程度。一般来说，农民分享全产业链收益的份额同农民与其他主体的利益联结紧密度正相关，而后者受到农民参与产业化经营途径等因素的直接影响。例如，农民以资金或土地等要素入股农业龙头企业，形成以股权为纽带的产权联结机制，企业与农民的利益一致性将增强，这比以产品购销为纽带的合同联结机制更能促进企业与农民的紧密利益联结，由此使农民在利益分割中的所得份额提高。

在农业产业化经营系统内，农民与其他主体间的关系不再是一般意义上的市场关系，而是利益共同体与市场关系相结合的特殊利益关系。通过内部契约将部分外部市场交易内部化后，一些"非市场安排"引入到了资源配置和利益分配中，这也成为农业产业化经营系统运行的鲜明特色，体现出多元主体利益共同体的特征。非市场安排以各个环节多元主体获得平均利润为目标原则，其实施有助于促进农民与其他主体的利益均衡，对农民分享农业全产业链增值收益具有积极作用。常见的非市场安排及其影响主要包括：（1）资金扶持。采取低息转贷、垫付资金等方式为农民提供资金便利，可降低农民的资金成本。（2）无偿或低偿服务。向农民免费或低价提供市场信息、技术培训、物流运输等服务，将使农民生产经营成本降低。（3）低价供应或赊销生产资料。以低于市场价的优惠价给农民提供生产资料，或向农民赊销生产资料，两者均有利于减少农民的投入成本。（4）保护价收购农产品。以保护价向农民收购农产品，将使农民既能享受市场价格上涨收益，又能规避市场价格下跌风险。（5）利润返还或二次分配。企业或合作社在正常支付农民要素报酬后，再提取部分利润分配给农民，农民可由此获得加工、销售等环节的部分增值收益。（6）建立风险基金。新型农业经营主体、政府等出资设立风险基金，向因灾遭受经济损失的农民提供补偿，能起到减少农民风险损失的作用。但在现实中，由于相关主体机会主义行为的存在，上述非市场安排可能无法得到有效实施，导致上述机制增进农民利益分享的效果受到不同程度的负面影响。

第四节　收入再分配制度的影响及其作用机制

本节主要分析农民养老保障制度、农民医疗保障制度、农民工失业保障制度、农民最低生活保障制度、农业补贴政策对农民在收入再分配阶段共享经济发展成果带来的影响并剖析这些制度发挥作用的内在机制。

一、农民养老保障制度的影响及作用机制

农民养老保障由非缴费型的养老救助和养老福利以及缴费型的养老保险①构成，非缴费型项目与缴费型项目体现的收入再分配属性有所区别。农民养老救助和养老福利的受益不以缴费为前提，能较好地将低收入老年群体纳入养老保障体系中，通常具有良好的公平分配效应；而农民养老保险受益以缴费为基础，养老金收入与个人缴费多少相挂钩，收入再分配性质相对弱于非缴费型养老保障。

农民养老保险是农民养老保障的最主要项目，其收入再分配效应有代际再分配效应和代内再分配效应两类。农民养老保险代际再分配效应的产生以现收现付制为条件，当养老保险采取现收现付模式时，收入将实现从年轻农民向老年农民的跨代转移。老年农民平均收入一般低于年轻农民，因此，这种收入跨代转移也是高收入农民向低收入农民的收入

---

① 本书仅分析第一支柱养老保险，即社会养老保险。

78

转移和再分配过程。农民养老保险代内再分配效应，要从农民全生命周期视角考察，其直观表现是农民养老保险贴现净收益①的分布与累进性（或累退性）状况，当贴现净收益具有累退性时就产生缩小代内收入差距的作用，反之则扩大代内收入差距。

影响农民养老保险代内再分配效应的因素主要包括：保险基金筹资结构、社会统筹与个人积累比例、社会统筹的层次、个人缴费减免、基础养老金给付标准等。从保险基金筹资结构看，非个人缴费比例的提高有利于增强保险的代内再分配功能；社会统筹相对于个人积累的比例越高，保险的互助共济能力就越强，由此促进代内收入差距缩小；社会统筹层次的提升，将使保险在更大范围内发挥其互助共济作用，进而更好实现对代内收入差距的调节；对低收入农民减免个人缴费（并视同缴费），将使其减轻转移性支出负担、间接增加可支配收入；基础养老金中最低标准的设定具有一定的代内再分配效应，能为低收入农民提供底线水平的养老金保障。

财政补贴与村集体补助是农民养老保险的重要筹资来源，两者分别体现了农民养老保险中农民与政府、农民与村集体间的收入分配关系。从农民整体来看，在个人缴费既定的情况下，财政补贴与村集体补助越多，养老保险贴现净收益就越多，农民从养老保险中获得的净收益也就越多。此外，农民养老保险与城镇居民养老保险的一体化程度，影响到城乡居民间的收入分配关系。当城乡居民养老保险是一个统一体系时，城乡居民之间将能通过统一的养老保险基金池实现收入转移，从而使养

---

① 养老保险贴现净收益是终身养老金贴现值减去终身养老保险个人缴费贴现值的差额。

老保险再分配在城乡一体范围内展开；与此同时，城乡居民在个人缴费与获得养老金环节均适用同样的制度，避免了待遇上的城乡差别。反之，当城乡居民养老保险体系彼此分割、独立运行时，收入转移和再分配只能在农村内部、城镇内部进行，城乡居民从养老保险中获益的程度也可能出现较大差异，从而导致城乡居民收入再分配不公。

二、农民医疗保障制度的影响及作用机制

与农民养老保障相类似，农民医疗保障对农民收入产生的直接影响，体现在医疗保险缴款与医疗保障给付两方面，医疗保险缴款减少可支配收入而医疗保障给付增加可支配收入。在医疗保障各项目中，医疗保险的给付以缴款为前提，而医疗救助和医疗福利的给付是无偿的，无须任何缴款。但医疗保障不同于其他社会保障项目给付之处在于，受益者得到的主要是实物转移收入而非现金转移收入，并且只有在接受医疗服务时才能获得转移。对于非缴费型医疗保障项目，因不存在缴款，受益者的可支配收入必然提高；至于需缴费的医疗保险，由于筹资来源包括个人缴费、企业缴费、集体补助和财政补贴，就平均情况而言，参保者得到的补偿收入通常也大于缴款支出，即获得转移净收入。

除了介入收入再分配外，医疗保障还能够通过影响农民的人力资本与收入获取能力而对其收入产生间接作用。对患病农民来说，医疗保障有助于减轻医疗费用个人负担、获得更多的医疗服务，从而促进健康人力资本的修复，减少因疾病而损失的劳动时间与收入。上述效应在经济困难的农民身上体现得尤为显著，其原因在于患病贫困农民往往因经济拮据而拖延治疗甚至放弃治疗，导致小病转化为大病，给身体健康带来

极大伤害。医疗保障有助于促使这些经济困难群体及时就医，防止小病拖成大病，避免劳动能力严重受损给收入来源带来的灾难性影响，对缓解因病致贫有积极作用。

农民医疗保障制度还能产生调节城乡居民以及农民内部收入差距的效应。从城乡居民收入分配角度看：城乡一体化的医疗保障能使城乡居民公平享受医保待遇，促进城乡居民收入合理分配；反之，城乡分割的医疗保障体系，则会造成城乡居民在患病时无法获得同等保障，容易扩大城乡间的收入不平等。从农民内部收入分配角度看：医疗保障的收入再分配效应，最直接的表现是收入从健康农民转移到患病农民；至于不同收入等级农民间的收入转移，则处于一种隐蔽状态，很难直接观察出来。根据目前许多研究结果，低收入人口由于营养状况、居住环境、心理压力等方面的原因，患病率往往高于高收入人口，即患病概率和经济收入存在一定程度的负相关性。由此可以推断，一个覆盖面较广、制度设计较完善的农民医疗保障体系，在实现从健康农民向患病农民收入转移的同时，也能同时起到缩小农民内部收入差距的作用。

三、农民工失业保障制度的影响及作用机制

农民工失业保障制度的基本目标是为暂时失业的农民工提供物质帮助以保障其基本生活，有了失业保障的托底，农民工在失业后也能获得一定的收入、避免失去生活来源。失业保险是失业保障的主体，失业农民工从失业保险中获得的受益状况，取决于保险的覆盖范围、筹资结构、待遇给付机制等因素。从覆盖范围看，失业保险对农民工的覆盖率越广，在失业时能享受失业金待遇的农民工比例就越高，失业保险的包

容性也体现得越充分。从筹资结构看，保险基金中的个人缴费占比反映了农民工与政府、企业的分配关系，降低个人缴费占比将提高农民工从失业保险中获得的净受益程度。从待遇给付机制看，失业保险金的领取条件、（工资）替代率、领取期限等因素均会影响农民工的受益水平，放宽领取条件、提高替代率、延长领取期限能增加失业农民工从失业保险中的直接受益。但是，替代率过高、领取期限过长容易影响再就业积极性，因此，适度合理的替代率与领取期限有利于真正增进失业农民工的长远福利。

农民工失业保险还具有一定的收入再分配作用。通常而言，失业保险将使收入从就业人群向失业人群转移；由于失业人群平均收入通常低于就业人群，由就业人群向失业人群的收入转移也是高低收入人群间的收入转移与再分配过程。失业保险上述作用机制的一般原理，同样适用于农民工的失业保险。现代失业保险制度除了生活保障功能外，还具有促进再就业功能，这主要体现在把一部分保险金用于再就业服务、失业人员职业技能培训等方面，上述用途的资金能帮助失业农民工获得更多再就业机会、增强再就业能力，对提高农民工长期收入带来了积极作用。

四、农民最低生活保障制度的影响及作用机制

农民最低生活保障是国家对生活困难、无法维持基本生活的农村居民给予物质帮助的一种制度，其资金主要来源于财政，体现了政府对贫困农民的帮扶。作为农民社会保障体系中最低层次的保障，农民低保制度具有托底保障功能，为农民生活提供了最后一道安全网，可保证贫困

农民最基本的生活需求得到满足，避免他们陷入生活无着落的困境。接受农民低保救助的大多是丧失或缺乏劳动能力的农村老年人、残疾人和重病患者，低保使这些农村最弱势群体也能在一定程度上共享经济社会发展成果。由于最低生活保障直接面向农村最低收入群体，因此该制度的实施也发挥了良好的收入再分配作用，有利于缩小农民内部收入差距和城乡居民收入差距，通过"提低"防止贫富两极分化。

农民最低生活保障的"提低"作用与收入再分配效果，同低保制度的设计与执行密切相关，其中主要的影响因素包括：一是低保标准及其调整机制。在合理限度内，低保标准越高，低保覆盖的贫困农民数量越多、补差水平越高，低收入农民群体从低保中获得的总受益也就越大。另外，低保标准能否随物价变化和居民平均生活水平提高而适时调整，也影响到低保户的受益变化以及低保改善收入分配的效果。二是低保标准的地区和城乡差异。由于不同地区和城乡间物价与生活水平不同，制定差异化的低保标准有其合理性，但如果地区之间、（同一地区）城乡之间的低保标准差距过大，会导致低保待遇的地区间、城乡间不公平，可能削弱农民最低生活保障的收入再分配作用。三是低保的瞄准效率。瞄准效率是评估低保政策执行效果的重要依据（程中培，2020），低保执行中的瞄准效率高低，直接关系到低保的"提低"和再分配效果。低保瞄准效率通常用漏保率和错保率来衡量（宋扬、杨乃祺，2018），降低漏保率有利于实现低保"应保尽保"，而降低错保率能使低保真正落到应当受助的贫困农民身上，这是确保农民低保制度有效发挥"提低"功能和改善收入分配作用的前提。

五、农业补贴政策的影响及作用机制

农业补贴是政府基于增加农民收入、促进农业生产等目标，将财政资金以补贴的方式无偿转移给农业生产主体的一种政策。农业补贴中的相当一部分构成了农民的转移性收入，这体现出政府与农民间的收入分配关系。农业补贴按其方式可分为直接补贴、投入补贴和产出补贴三种（李扬，1990），农业补贴对农民增收的影响同补贴的类型有关。由于投入补贴中的间接投入支持①、产出补贴中的保护性与支持性收购不属于收入再分配范畴，故仅分析直接补贴、投入补贴中的直接投入补助②、产出补贴中的目标价格补贴，这三种补贴均属于收入再分配政策，它们构成了农民可支配收入中转移性收入的一部分。

直接补贴，又称为收入支付补贴或直接支付补贴，是政府向从事农业生产的农民直接发放的现金补贴。直接补贴能直接提高农民的收入水平，其发挥增收效应并不需要通过市场的传递。直接投入补助作为一种实物社会转移，也能够在收入再分配环节增加农民收入；但与直接补贴不同的是，直接投入补助发挥增收效应需要经过市场传递，只有当农民在市场上购买投入要素时才能获得补贴，进而增加收入，即农民从补贴中获益同其市场采购行为相联系。另外，由于直接投入补助降低了农业投入的实际成本，农民获得补贴后会扩大资本投入、改善生产条件，从长期看能起到促进农民农业经营性收入增长的作用。目标价格补贴指当农产品市场价格低于目标价格时，差价部分由政府对农民给予补贴；这

---

① 间接投入支持指政府在农业基础设施、农业科技、农民培训等方面的投入。

② 直接投入补助主要指农业生产资料价格补贴、贷款贴息等。

种补贴直接形成了农民的转移性收入，具有直接增加农民收入的政策效果。

农业补贴政策对不同农民群体增收带来的影响不同，会在一定程度上改变农民内部的收入分配格局。首先，农业补贴资金大部分流向以农业生产为主的农户，以非农经营或非农就业为主的农户从中受益较少，因此，农业补贴政策的实施将提高纯农户和农业为主户的相对收入水平。其次，在农户自身资源禀赋和外部环境等多方面因素的作用下，不同农户对农业补贴政策的反应不同，这会导致农业补贴的增收效应在不同农户间存在异质性（杨丹等，2020）。最后，从农产品角度看，由于某些农业补贴指向特定种类的农产品（如粮食等），这会影响到从事不同农产品生产的农户间的收入分配格局。

第四章

影响我国农民在收入分配环节共享经济
发展成果的制度及其效果

第三章从理论上论述了制度因素影响农民在收入分配环节共享经济发展成果的内在机理，以此为基础，本章进一步结合我国实际情况，考察影响我国农民在收入分配环节共享经济发展成果的制度及其效果。这涉及两方面研究内容：一是考察我国相关制度安排的现实状况及其主要特点，二是分析这些制度安排及变化对我国农民在收入分配环节共享经济发展成果产生的具体影响。

第一节 生产条件制度的现实状况及影响效果

一、农村公共产品与服务供给制度的现实状况及影响效果

改革开放后，以农村税费改革为分界线，我国农村公共产品与服务供给制度大致上经历了两个发展阶段，可以从公共选择、筹资、生产三方面考察和比较不同阶段的制度差异（表4-1）。在农村税费改革前，农民民主权利意识较为淡薄、诉求表达渠道不畅，农村公共产品与服务供给主要是政府自上而下的决策；由于政府财力和投入有限，农村公共

产品与服务的提供较为依赖制度外的筹资，农民承担了相当一部分出资责任；从生产主体看，基层政府和村委会是农村公共产品与服务的主要供给者，但部分地区和领域也出现了多元主体供给现象。在农村税费改革后，农村基层民主建设加快推进，农民越来越多地参与到公共产品与服务的供给决策中来，对需要向农民筹资筹劳的项目实施了"一事一议"，体现出自下而上的特点；农村公共产品与服务筹资机制发生重大变化，各类公共产品与服务成本主要由财政分级负担与保障，制度外筹资明显减少、农民成本负担大幅减轻；在政策鼓励和支持下，民间资本和社会组织开始更多参与到农村公共产品与服务供给中来，多元主体供给渐成趋势。

表4-1　不同阶段农村公共产品与服务供给制度比较

	农村税费改革前	农村税费改革后
公共选择制度	政府自上而下决策	自上而下为主，农民参与度提高
筹资制度	财政和农民共同筹资	财政分级负担为主，农民负担少
生产制度	基层政府和村委会为主	多元主体供给成为趋势

注：作者自行整理归纳。

随着供给制度的发展与完善，我国农村公共产品与服务的供给水平不断提高，农田水利设施、能源设施、交通物流设施、信息基础设施、农业技术服务等农村生产性公共产品与服务快速发展。这些生产性公共产品与服务供给水平的提升，使农民的生产条件获得了较明显改善，降低了农民的生产经营成本和风险，对增加农民收入具有积极作用。现有的大量实证研究也表明，农村生产性基础设施对农民有良好的增收效应，显著促进了农民的收入增长（陈银娥等，2012；郝二虎等，2015；

吴明娥，2022）。但是，现行农村公共产品与服务制度仍有不完善之处——如农民需求表达不畅、政府间支出责任划分模糊、监督管理不到位、民间资本参与有限等，对农村公共产品与服务有效供给产生了一些负面影响。从促进农民在收入分配环节更好地共享经济发展成果角度看，现行农村公共产品与服务供给存在如下突出问题：一是城乡和区域不平衡程度较高。在交通物流、信息等基础设施方面，农村相比城镇依然明显滞后；另外，无论从公共产品与服务的数量还是质量上看，欠发达地区农村相比发达地区农村差距较大。这制约了城乡居民收入差距和地区间农民收入差距的缩小。二是供需不够匹配。政府主导供给的一些生产性公共产品和服务，与农民生产经营的实际需求存在一定程度的脱节，导致其未能有效发挥降成本、促增收的作用。例如，作者在农村调研中发现某些新型储粮设施因适用性不强，并未获得广泛使用。三是部分领域存在明显短板。我国农村生产性公共产品和服务供给中，较普遍存在重"硬"轻"软"现象，市场信息服务、农业技术服务水平不高，使农民失去了一些实现增收的市场机会。

二、城乡就业制度的现实状况及影响效果

改革开放前，受制于城乡二元分割体制，农民只能在农村内部就业而不能到城市务工，农村劳动力被排斥在城市就业体系之外，没有自由择业的权利，无法分享工业化的成果。改革开放后，国家开始允许农民进城务工，城乡就业完全分割的局面被打破。20世纪80年代初，中央启动了城乡就业制度改革，开始有序放开农民到城镇就业的限制，这促进了农村劳动力向城镇转移就业；中央还积极推动城乡劳动者平等就业，逐步消除对进

城务工农民的就业歧视，使农民工获得更多更公平的就业机会。梳理 20 世纪 80 年代以来涉及农民工平等就业的重要中央文件，可以清晰看出我国推动形成城乡平等就业制度的基本脉络和前进方向（表 4-2）。

表 4-2　促进农民工平等就业的重要中央文件精神

年份	文件名称	主要内容
2001 年	中华人民共和国国民经济和社会发展第十个五年计划纲要	提出坚持城乡统筹就业的改革方向，推动城乡劳动力市场逐步一体化
2003 年	国务院办公厅关于做好农民进城务工就业管理和服务工作的通知	要求各地区各部门取消对农民进城务工就业的不合理限制，把农民进城务工就业工作列入重要工作日程
2006 年	国务院关于解决农民工问题的若干意见	提出逐步实行城乡平等的就业制度，要求进一步做好农民转移就业服务工作
2007 年	中华人民共和国就业促进法	规定国家实行城乡统筹的就业政策，建立健全城乡劳动者平等就业的制度
2014 年	国务院关于进一步做好为农民工服务工作的意见	要求进一步清理针对农民工就业的户籍限制等歧视性规定，保障城乡劳动者平等就业权利
2015 年	深化农村改革综合性实施方案	提出完善城乡劳动者平等就业制度
2018 年	乡村振兴战略规划（2018—2022 年）	提出健全城乡均等的公共就业服务体系，建立健全城乡劳动者平等就业、同工同酬制度
2022 年	在中国共产党第二十次全国代表大会上的报告	提出统筹城乡就业政策体系，消除影响平等就业的不合理限制和就业歧视

注：①作者自行整理归纳；②仅归纳中共中央、国务院、全国人大及其办公厅发布的文件。

经过 40 年的改革，我国城乡劳动力就业权利不平等现象有了明显改观，农民工的平等就业环境得到较大程度的改善，这突出表现在就业准入方面。在以往较长一段时期，地方政府经常利用行政手段限制农村劳动力进城就业，曾采取过的较普遍做法包括：限制农民工就业的行业、工种或岗位，对企业录用农民工设置审批，强迫农民工办理各种证件和手续，对农民工实行不合理收费等。这种对农民就业准入的制度性歧视，导致农村劳动力在城镇的就业成本增加、就业机会减少，损害了其平等就业权。通过长期不懈的改革，目前上述就业准入上的制度性歧视已在大范围内取消，农民进城就业的显性壁垒基本破除，这使农民工的就业成本下降、就业机会增加。除了就业准入外，公共就业服务上的城乡不平等也有了一定程度的改观。原先，就业服务主要面向城市居民，而农村居民获得的就业服务很少。进入 21 世纪后，我国越来越重视对农民工就业的服务支持工作，不断健全城乡基本公共就业服务制度，努力为农民进城务工提供信息、搭建平台、促进对接，帮助农民工获得与其需求和能力相匹配的就业岗位，这对提高农民工就业效率发挥了积极作用。

　　然而，社会上对农民工的偏见较深，并非在短期内就能彻底转变，再加上地方政府基于本地利益采取的就业地方保护主义行为，农村劳动力到城市就业遭受歧视的现象仍在一定范围内存在，只是相比以往更多地以较为隐蔽的形式表现出来。2020 年的一份权威调查结果显示，50.25%的受访农民工表示自己在求职时用人单位因农民形象而拒绝自己，这种歧视现象在教科文卫、金融行业最为严重。① 观察农民工当前的就业分布不难看出：从行业角度看，农民工主要集中于制造业、建筑

---

　　① 青平，陈通，肖美珍，等. 当前农民工就业现状、困难及对策研究［N］. 农民日报，2020-08-08（3）.

业、批发、零售业等待遇和条件相对较差的行业；而从所有制角度看，在国有部门工作的农民工比例很低。尽管上述现象同农民工人力资本水平偏低有关，但准入歧视因素的影响不可忽视。一种比较主流的观点认为，城乡分割的户籍制度是引发农民工就业歧视的重要制度成因。但事实上，已经完成的统一城乡户口登记改革，并未自然而然地带来城乡劳动者就业权的平等。① 仅仅从户籍登记管理上实现城乡统一，并不能消除户籍背后的城乡权利差异。因此，真正实现城乡劳动者平等就业权还需要继续推进深层次的改革。

三、城乡人口流动管理制度的现实状况及影响效果

在计划经济时期，我国的人口流动管理制度处于零散、碎片化状态，没有形成一个较为完整的体系。当时，对城乡人口流动的管理主要依赖于城乡分割的二元户籍制度，农村人口向城市的迁徙流动受到严格限制。改革开放后，在农村劳动力大量过剩以及城市化、工业化引发大规模劳动力需求的背景下，政府逐步解除了对农村人口流动的限制，城乡二元户籍制度也开始松动，1997 年出台的《小城镇户籍管理制度改革试点方案》和《关于完善农村户籍管理制度意见》允许农村人口在小城镇落户。不过，在 20 世纪八九十年代，由于担心农村人口进城对城镇居民就业、社会治安等方面带来负面冲击，国家依然保留和采取了不少直接与间接限制农村人口向城市流动的政策；此外，进城农民工实际拥有的经济社会权利相比城镇居民也存在较大差距。

---

① 作为城乡统一户籍制度改革的重要一步，实行城乡统一的户口登记制度的重要意义仍值得充分肯定。

进入 21 世纪后，城乡人口流动管理朝着更加开放、自由、包容的方向发展。党的十六届三中全会明确提出"深化户籍制度改革，完善流动人口管理，引导农村富余劳动力平稳有序转移"，各级政府在大力取消流动人口管制政策的同时，开始重视并加强对农民工的权益保障与公共服务，户籍制度改革也从小城镇向中小城市梯度推进。党的十八大之后，城乡人口流动管理制度改革步入加速推进期，中央出台了《关于进一步推进户籍制度改革的意见》《居住证暂行条例》《国家新型城镇化规划（2014—2020 年）》等一系列重要法规和政策，对户籍制度改革、公共服务均等化等关键事项作了部署安排，力度前所未有。经过十余年的改革，建立了城乡统一的户口登记制度，全面实施了居住证制度，城镇基本公共服务持续向农业转移人口延伸，农业转移人口的落户条件不断放宽、落户通道有所拓展。

城乡人口流动管理制度的改革，对农民更好地共享经济发展成果产生了积极影响：一方面，农村人口向城镇流动更加顺畅自由，农民获得了较多提高收入的市场机会。直接管制农民进城的制度早在 21 世纪初就已全面取消，而间接限制农民进城的举措也大幅减少，当前农村劳动力进入城市就业已基本没有障碍。城镇为农民提供了远比农村更多的就业机会，这是农民工资性收入快速增长的重要原因。另一方面，农业转移人口市民化使进城农民获取市场收入的能力增强，同时使其在再分配环节获得了更多转移性收入。近年来，国家持续加大对农民工职业技能培训的力度，促进了农民工劳动技能与综合素质的提升，有实证研究表明，参加职业培训对农民工工资收入具有显著的正向影响，"授人以渔"的正向效应较为明显（赵德昭、耿之斌，2020）。此外，随着部分农民在城镇落户以及社会保障等福利向非户籍常住人口的延伸,进城农民得以享受到原先仅限于城镇户籍人口的某些福利,其中有相当一部分直接表现为转移性收入形式。由于城镇社会保障等福利标准高于农村,市民化最终带动了农民转移性收入的增加。

但我们也要看到,现行城乡人口流动管理制度仍有诸多不完善之处,尤其是在农业转移人口市民化方面,这制约了进城农民在收入分配环节充分共享经济发展成果。首先,农业转移人口落户存在隐形门槛。中央已要求全面取消城区常住人口300万以下城市落户限制,但一些城市在具体操作中却设置了不少隐形门槛,如要求租赁房必须具有"相关部门备案的房屋租赁合同",否则不算拥有合法稳定住所。其次,选择性落户现象较为普遍。地方政府出于自身利益最大化考虑,把提高户籍人口城镇化率的指标要求与人才引进战略联系起来,使农民工落户政策异化为人才落户政策(邹一南,2020)。对大部分普通农业转移人口而言,实际落户门槛并未显著降低。再次,公共服务与社会福利覆盖农业转移人口尚有不足。超大城市和特大城市居住证赋予持证者的权利依然比较有限,未获居住证常住人口享有的福利待遇更少。以上海住房保障为例,本市户籍人口可以申请公共租赁房、享有住房公积金和住房补贴、享有经济适用房和廉租房,但是,居住证持证人仅能申请公共租赁房和缴存使用住房公积金,至于居住登记人口则无法享受任何住房保障。

四、农村集体产权制度的现实状况及影响效果

我国农村集体资产大致上分为资源性资产、经营性资产、非经营性

资产三类，农村集体产权制度就是围绕这些资产的所有、占有、支配、使用、收益和处置等权能而形成的一系列制度安排。从收入分配角度看，作为生产条件制度影响农民共享经济发展成果的农村集体产权制度主要是农地产权制度、集体经营性资产产权制度，其中，农地产权制度包括承包地、宅基地、集体经营性建设用地这三种农地的产权制度。

1. 农地产权制度的现实状况及影响效果

改革开放以来，农村承包地产权制度经历了从所有权与承包经营权"两权合一"到"两权分离"再到所有权、承包权、经营权"三权分置"的变迁。据统计，截至 2019 年底，全国家庭承包经营耕地流转面积达到 5.55 亿亩，流转出承包耕地的农户达 7321 万户。① 经营权的流转使承包地的财产功能与资本功能得到强化。放活承包地经营权后，一批无力或不愿从事农业生产的农户选择将土地经营权流转给他人，进而获得财产性收入；而对转入土地的农户来说，经营权的流转为其开展土地规模化经营提供了有利条件，通过规模经济效应促进了经营性收入的增长。近年来，各地积极创新放活土地经营权的方式，探索发展出了农地经营权资本化的多种方式，以地租、利息、股息、红利等形式增加农民财产性收入，并带动了农民经营性收入、工资性收入的增长。

农村宅基地产权制度的最重要改革是探索宅基地所有权、资格权、使用权的"三权分置"。在较长一段时间，农村宅基地仅限于集体成员居住使用，使用权流转受到很大限制，从经济上看没有体现出财产应有的价值。党的十八届三中全会提出"保障农户宅基地用益物权，改革

---

① 农业农村部政策与改革司. 引导农村土地经营权规范有序流转 [N]. 时事报告, 2021-03-08.

完善农村宅基地制度"；2018 年中央一号文件正式提出"探索宅基地所有权、资格权、使用权'三权分置'……适度放活宅基地和农民房屋使用权"。经过几年的试点，宅基地"三权分置"改革取得了初步成效。盘活释放出的闲置宅基地和农房主要用于一、二、三产业融合发展用地，这一方面直接增加了农民的财产性收入，另一方面间接促进了农民经营性收入的增长，宅基地的经济价值正逐步显化。

在农村集体经营性建设用地产权制度方面，近年来通过改革赋予了集体经营性建设用地出让、租赁、入股等权能，着力推动其与国有土地同等入市、同价同权，这体现出向农民"还权赋能"的导向。由于入市收益由村集体和农民个人分享，集体经营性建设用地入市改革产生了促进农民增收的效应。

综上可见，农地产权制度改革对保障和实现农民土地权益发挥了积极作用，通过激活农村土地产权给农民增收带来了更多机会，同时也推动了城乡居民收入差距的缩小。不过，由于改革仍处于推进过程中，现行农地产权制度在使农民更好地共享经济发展成果方面仍有一些不足之处。例如，承包地和宅基地抵押贷款权能的落地还面临障碍，制约了农民的融资能力与经营性收入增长；再如，集体经营性建设用地与国有建设用地即使挂牌上市"同权"但交易价格受限难以达到"同价"，实质上还是使用权的约束（翁贞林等，2022）。

2. 集体经营性资产产权制度的现实状况及影响效果

针对农村集体经营性资产运行管理中较普遍存在的产权归属不明、经营收益不清、收益分配权缺乏保障、只有少数人获利等问题，我国在党的十八大后加快推进集体经营性资产产权制度改革。2014 年，原农业部等三部门出台了《积极发展农民股份合作赋予农民对集体资产股份权能改革试点方案》，在 29 个县（市、区）率先开展试点工作；2016 年，中共中央、国务院印发了《关于稳步推进农村集体产权制度改革的意见》，提出"着力推进经营性资产确权到户和股份合作制改革"；之后几年，集体经营性资产产权制度改革试点范围不断扩大；2020 年，中央农村工作会议提出"全面推开农村集体产权制度改革试点"，集体经营性资产产权制度改革进入全面推进阶段。至 2021 年末，改革的阶段性任务基本完成：农村集体经营性资产的清产核资工作收官，村村有了一本"明白账"；全面确认了农村集体经济组织成员身份，共确认集体成员 9 亿人；集体经营性资产股份合作制改革由点及面开展，资产以股份或份额形式量化到每一位集体成员身上，明确了成员对资产股份的占有、收益、有偿退出、继承、抵押、担保等权利。

农村集体经营性资产产权制度的改革，赋予了农民一家一户相应的集体经营性资产权利，推动了"资金变股金，农民变股东"，集体收益从原先的"人人有但人人无份"转变为"人人有份人人有"，为增加农民财产性收入奠定了良好的制度基础。据农业农村部统计，2015—2018 年有超过 13 万个村组完成了集体经营性资产的股份权能改革，将资产折股量化，累计向股民分红 3251 亿元，这些红利成为农民财产性收入的重要组成部分。产权制度改革还抑制了集体经营性资产运行管理中的"精英俘获"与内部人控制现象，促进了集体成员更加平等地分享集体经营性资产的收益分配权。另外，在推进产权改革过程中，各地采取了多种手段消除集体经济空壳村、薄弱村，这在一定程度上缩小了发达与欠发达地区间农民的财产性收入差距。但是，经过阶段性改革后的集体经营性资产产权制度依然有一些不够完善的方面，不利于农民更好共享经济发展成果。例如，从实践进展来看，目前集体经营性资产上的还权赋能，主要体现在收益权的落实上，而有偿退出、抵押担保等权能的实现仍面临诸多障碍，这无疑限制了农民利用集体经营性资产权能增加收入的机会。

五、农村金融制度的现实状况及影响效果

改革开放以来，中央高度重视农村金融建设、不断完善农村金融制度。到目前为止，我国总体上已形成正规金融与非正规金融并存的多层次、广覆盖的农村金融体系。其中，正规金融由商业性金融、合作性金融、政策性金融、新型金融等构成，非正规金融主要包括合会、典当、钱庄等。随着农村金融体系的发展，顺应农民外部融资需求的快速增长，面向"三农"的金融资源供给规模持续扩张。从 2007—2022 年末，农户贷款余额由 1.34 万亿元扩大至 14.98 万亿元，[①] 年均增长 17.5%。但是，同农户与农业农村发展的融资需求增长速度相比，"三农"领域金融资源供给的扩张仍显滞后。

长期以来，我国农村正规金融资金供给短缺的问题比较突出。在商业利益的驱动下，商业性金融机构在农村地区的网点分布相对较少。出于降低交易成本和控制风险考虑，农村商业性银行在对农民放贷过程中表现出惜贷、慎贷的倾向。为了实现利润最大化目标，农村商业性银行往往将农村地区吸纳的储蓄存款，通过系统内上存、同业拆借、票据购买等各种方式转移到城镇地区使用以提高收益率，这种行为造成农村资

[①]　数据来自相关年份《中国农村金融服务报告》。

金大量流向城市工商业，加剧了城乡间金融资源配置的失衡状态。本应坚持为农服务的农村信用合作社等农村合作性金融，在发展中也呈现出一定程度的"商业化"倾向，不少业务模式趋同于商业性银行，使得资金大量流向城镇与非农部门，导致农户融资更加困难、融资成本更高。根据周振等（2015）学者的测算，1978—2012 年间，农村资金通过金融渠道外流的总量合计高达 66256.89 亿元，平均每年净流出 1893.1 亿元。

党的十八大以来，我国积极采取措施抑制农村资金外流趋势，着力促进农村正规金融资金的供给，主要举措包括：加大商业性金融支农力度，增强商业性金融服务"三农"能力；推动农村合作性金融回归本源，加强其为本地"三农"服务的力度；提高存贷比和涉农贷款比例，尤其是合理提高资金外流严重地区的存贷比，落实好涉农贷款增量奖励政策，不断扩大涉农信贷投放；积极发展以村镇银行、资金互助社等为代表的农村新型金融。改革调整之后，各地农村金融机构的存贷比有所上升，农村资金外流趋缓。

除了正规金融外，非正规金融也是满足农民融资需求的重要渠道。相比农村正规金融的高门槛与高交易成本，农村非正规金融具有信息搜寻成本低、担保要求不高、流程便捷、利率和期限灵活等优势特点。非正规金融的存在与发展，在一定程度上缓解了农村地区金融资源供给不足的现象，增加了农民获得外部融资的机会。从表 4-3 可以看出，非正规金融在现实中是满足我国农民融资需求的主渠道。但是，农村非正规金融游离于金融监管部门的管理范围之外，缺乏必要的法律约束，造成治理机制混乱、风险相对较高；在实践中引发了较多纠纷，使部分农民的利益受到损失。

表 4-3　农民各类负债中来源于非正规金融的比重　　　　单位：%

农业负债	工商业负债	房产负债	汽车负债	教育负债
61.6	69.5	50.8	57.0	64.4

注：根据《中国家庭金融研究2018》相关数据计算。

十余年来，中国的普惠金融从萌芽期步入成长阶段，而农村居民、贫困人群是我国普惠金融的重点服务对象。《推进普惠金融发展规划（2016—2020年）》实施后，农村普惠金融获得了快速发展，农村金融服务的覆盖率、便利性与满意度逐步提升，对缓解农民融资难、融资贵起到了积极作用。在脱贫攻坚时期，农村普惠金融精准对接农村贫困人口，提高了贫困农民的金融资源可得性。截至2020年第二季度，扶贫小额信贷累计发放近5000亿元，惠及贫困户1100多万户次，[①] 有效推动了"输血式扶贫"向"造血式扶贫"的转变。

六、涉农教育和培训制度的现实状况及影响效果

由于历史、区位和城乡二元结构等因素的影响，我国农村教育长期面临资源短缺、质量较低的问题，是我国教育体系中的明显"短板"，在很大程度上制约了农民文化素质与人力资本的提升。针对农村教育薄弱的客观现状，自改革开放以来党中央采取了一系列措施促进农村教育事业发展，以义务教育为重点对农村教育的管理体制和财政投入体制进行了多次重大调整。到20世纪末，我国完成了在农村地区基本普及九

---

① 中国累计发放扶贫小额信贷近5000亿元 惠及1100万贫困户［EB/OL］. 光明网，2020-10-15.

年制义务教育、基本扫除青壮年文盲的历史性任务。进入 21 世纪后，农村义务教育管理体制从"地方负责、分级管理"转变为"以县为主"，农村义务教育经费保障新机制也逐步建立起来，这两项改革推动了农村义务教育从农民主办转向政府主办，促进了农村义务教育经费的较快增长。党的十八大以来，中央以城乡教育一体化发展为目标，着力推进城乡义务教育均衡发展。近十年来，在"以县为主"基础上强化了中央和省级政府的责任，制定实施了乡村教师支持计划，加大了农村中小学标准化建设力度。这些新的制度安排与政策举措，使农村义务教育水平和城乡义务教育均等化程度不断提高。以农村义务教育阶段生师比为例，从 2011—2020 年，小学生师比由 17.7 下降至 15.0，初中生师比由 13.6 下降至 11.5。[①] 2021 年年末，全国所有省区市的 2895 个县级行政单位全部实现了县域义务教育基本均衡发展。农村义务教育制度改革取得了良好成效，对提高农民人力资本发挥了积极作用。贾婧、柯睿（2020）的实证研究证明，免费义务教育政策有效促进了农村多维度人力资本的积累，同时，还显著提高了农村个体的认知能力。除了义务教育外，我国农民的职业教育制度也发生了重要变迁。进入新时代以来，农民职业教育步入以培育新型职业农民为抓手的深刻变革阶段（王羽菲、祁占勇，2019）。国家针对新型职业农民生产经营需求开展了不同层次的职业教育，成为促进农村劳动力人力资源开发、职业能力提升的有效手段。

我国农民（和农民工）的培训政策经历了探索期、发展期直到现阶段的深化期。当前，农民培训政策的重点是新型职业农民的培训。党

---

①　根据历年《中国教育统计年鉴》相关数据计算。

的十八大后，全国上下开始启动实施了新型职业农民培育工程。经过若干年的试点，该项政策从局部探索走向示范带动再发展到全面推开，其目标在于培养"有组织、懂文化、通技术、会经营、善管理、守法纪、重感情、爱农村、勇创新的农业劳动者"，打造一支符合时代要求的新型职业农民队伍。通过新型职业农民培育工程，一大批传统老农民转变为新农民，一大批高素质青年农民成长为种养大户、家庭农场主或农民合作社领办人，还有一大批返乡农民工与大学生加入新型职业农民队伍中。新型职业农民培育在帮助农民提高现代农业经营能力方面发挥了积极作用，有效地促进了农民的生产经营增收（李宝值等，2019）。随着新型城镇化的推进与城乡劳动力市场的一体化，针对农民工群体的培训政策也在不断发展完善。2003 年 9 月，我国出台了第一部专门针对农民工职业培训的文件《2003—2010 年全国农民工培训规划》，对农民工职业培训的管理机制、筹资机制、激励机制提出了要求。之后，又制定了一系列与之配套的实施细则。进入新时代后，农民工培训的覆盖面持续扩大，内容更加丰富、方式更加多元化，越来越关注职业能力提升的新需求。基于中国劳动力动态调查数据的实证研究表明，职业技能培训在总体上确实起到了提高农民工工资水平的作用（王广慧，2023）。目前，农民（和农民工）培训已初步形成了政府推动、部门联动、分类分层、人财物有效保障的完整体系，成为提升农民（和农民工）职业能力的重要手段。但从劳动者能力角度来看，现行涉农培训制度仍有一些不完善之处，较突出的包括某些培训内容与农民（和农民工）需求不够匹配、部分培训机构软硬件条件难以满足高质量培训要求、农民（和农民工）参加培训积极性不高、相关部门选育对象比较单一等，这些问题在不同程度上削弱了涉农培训制度提升农民（和农民工）职业能力的实际效果。

第二节 收入初次分配制度的现实状况及影响效果

一、农民工工资制度的现实状况及影响效果

我国在 1993 年 11 月颁布了《企业最低工资规定》，次年通过的《中华人民共和国劳动法》明确规定"国家实行最低工资保障制度"。由此，全国各地陆续开始实施最低工资制度。但在该制度实行的最初十年中，地方政府对其重视程度并不高，制度执行贯彻力度不足，许多企业未能严格遵守最低工资规定。该时期的最低工资制度未能有效发挥对农民工劳动报酬权益的保护作用。2003 年 12 月，新公布的《最低工资规定》明确规定了确定最低工资标准的方法，并要求至少每两年调整一次。在此之后，最低工资制度执行趋于规范化，随着经济发展与物价变化，各地逐步提高最低工资标准。

最低工资制度的实施，对我国农民工工资收入、农民工与企业间收入分配、农民工内部收入差距、城乡居民收入差距均产生了重要影响。现有的绝大多数经验研究结果均证实了我国提高最低工资标准起到了促进农民工工资增长的作用。尽管最低工资对农民工就业带来了一些负面影响，但仅限于部分地区与行业（罗润东、周敏，2012）。即便考虑了就业的负面影响，提高最低工资标准对促进农民工收入增长的作用仍非常显著（杨娟、李实，2016），这无疑有助于改善农民工与企业间的收

入分配关系，避免农民工被企业过度压榨。另外，实证还发现最低工资标准提升的工资溢出效应随农民工工资水平提高而逐渐减弱，农民工工资水平越低，最低工资标准对其工资增长的促进效果越明显（张世伟、杨正雄，2018、2019）。由此可见，最低工资制度起到了缩小农民工群体内部收入差距的作用。再从对城乡居民收入差距的影响看，现有研究结果显示，最低工资标准对城乡收入比有负作用（罗小兰，2007；何传超，2011），这表明我国最低工资制度也产生了降低城乡居民收入不平等的积极效应。

不过，现行最低工资制度在保障农民工较好共享经济发展成果方面仍有一些不足之处。首先，最低工资标准增长滞后于平均工资。虽然最低工资绝对标准在逐年提高，但增速上却落后于就业人员平均工资。以四个直辖市为例，最低工资与平均工资的比值，均呈现出明显的下降趋势（图4-1）。其次，在农民工缺乏工资议价能力的情况下，不少企业特别是私营企业往往将农民工工资设定在略高于最低工资标准的区间，这样做既不违反相关规定，又能节约人工成本。在此情况下，本是起托底作用的最低工资标准，实际上却成了农民工工资形成的基准线。最后，由于最低工资标准上升提高了农民工的雇佣成本，一些企业通过增加农民工工作时间的办法变相压低成本。著者在调研中从农民工那里了解到，最低工资标准上调后，一些农民工的工作任务变得更重，加班变得更为频繁。现有实证研究也发现，最低工资标准的提升导致了农民工工作时间的增加（郭凤鸣、张世伟，2017）。尽管《最低工资规定》明确规定延长工作时间的工资是剔除在最低工资标准外的，但在现实中大量企业并未给农民工额外支付加班工资（或仅给予少量补贴），这使得提高最低工资标准促进农民工单位时间劳动报酬增长的作用被削弱。

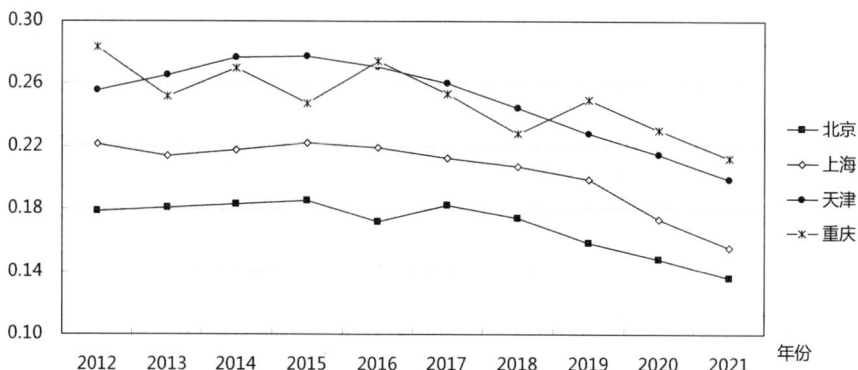

图 4-1 直辖市最低工资与就业人员平均工资的比值

资料来源：根据历年《中国统计年鉴》、人力资源和社会保障部网站相关数据
计算。

为了治理农民工工资拖欠问题，我国建立并逐步完善农民工工资支付保障机制。该制度的主要内容包括：（1）农民工工资支付监控制度。各地采用农民工实名制、农民工工资"一卡通"、农民工工资支付信息公示等办法，对用工单位支付农民工工资的行为进行监控。（2）农民工工资保证金制度。企业按照相关规定往政府指定银行专户存入一定金额或比例的工资保证金，当出现欠薪时用保证金向农民工支付工资。（3）农民工工资应急周转金制度。由政府出资设立应急周转专项资金，用于垫付被欠薪农民工的基本生活费或返乡路费。（4）农民工工资支付监督检查制度。由政府相关部门对企业支付农民工工资的情况进行督查，对违法行为进行处罚，并根据督查结果分不同信用等级加以分类监管。农民工工资支付保障机制的实施，使拖欠农民工工资的状况有所改

善。国家统计局《2016 年农民工监测调查报告》① 数据显示：从 2010
年到 2016 年，被拖欠工资的农民工比重从 1.4% 下降至 0.84%；其中，
欠薪最严重的建筑业从 2.5% 降低到了 1.8%。

二、农产品价格政策的现实状况及影响效果

改革开放后，我国破除了对农产品统购统销、统一定价的制度，开
始逐步引入市场机制，有序放开农产品价格。自 1992 年起，农产品领
域全面引入市场机制，绝大多数农产品价格由市场决定，国家仅对粮食
和部分重要农产品实行价格管理。1998 年，国务院制定了粮食保护价
收购政策，当粮食市场价低于保护价时由国有粮食企业按保护价敞开收
购。从 2004 年开始，我国全面放开了粮食购销市场与价格，取消了以
保护价敞开收购农民粮食的原有政策，同时新制定了粮食最低收购价政
策。② 在规定的品种和区域范围内，当粮食市场价格低于最低收购价
时，执行该政策的单位按照最低收购价收购农民交售的粮食。从 2008
年起，我国还陆续对一些重要农产品（主要包括玉米、大豆、猪肉、
棉花、油菜籽、食糖等）实行了临时收储政策，国家委托相关单位对
列入临储范围的农产品，在规定时间和区域内按确定的收储价格进行收
购储存。③ 2014 年，中央提出了要建立农产品目标价格制度，农民按市
场价格出售农产品，当市场价格低于目标价格时给予农民补贴。同年，
启动了为期三年的东北和内蒙古大豆、新疆棉花的目标价格改革试点，

---

① 2016 年农民工监测调查报告［EB/OL］.国家统计局网站，2017-04-28.
② 2004 年出台了稻谷的最低收购价政策，2006 年出台了小麦的最低收购价政策。
③ 随着形势变化，2014 年起，我国陆续取消了棉花、大豆、油菜籽、玉米的临储
政策。

用以取代原先的临储政策。[①] 2016 年，我国取消了玉米的临储政策，调整为"市场化收购"加"生产者补贴"的新机制，玉米价格随行就市，国家实行玉米种植补贴。在大部分时期，我国农产品价格政策是对价格形成的直接干预，直接作用于农民出售农产品的销价，进而影响农民的农业经营性收入。不过，在引入目标价格、市场化收购+生产者补贴后，由于补贴与价格相分离，农业经营性收入一般不再受价格政策的影响，目标价格补贴和生产者补贴构成了农民转移性收入来源的一部分。

改革开放前，农产品统购统销制度下的农产品价格被人为压低，工农业产品非等价交换造成的价格剪刀差，导致农业部门创造的价值大量转移到工业部门，农民从事农业生产获得的收入极低。改革开放后，随着引入市场机制、逐步放开农产品价格，工农产品价格剪刀差趋于减少，农民从农业生产中获益的程度提高。在 1978 年，价格剪刀差的绝对量为 364 亿元，相对量[②]为 25.5%；到了 1985 年，两者分别下降至 286 亿元和 9.2%（严瑞珍，1988）。实行粮食保护价收购政策特别是实行粮食最低收购价政策与部分农产品临储政策后，纳入政策范围内的农产品的价格稳定性增强，减轻了市场价格下滑对务农收入的负面冲击。由于农业人工费用、农地租金等成本在不断提高，根据"成本加合理利润"或"成本加基本收益"的定价原则，政府连续多次提高了粮食最低收购价与临时收储价格的水平，价格涨幅较大。例如，白小麦的最低收购价，从 2006 年的 1440 元/吨提高到了 2014 年的 2360 元/吨；玉

---

① 三年期满后，新疆棉花继续深化目标价格改革，而东北和内蒙古大豆转为实行"市场化收购+生产者补贴"。

② 剪刀差相对量指国家通过剪刀差转移的农业国民收入与农业部门创造的农业国民收入之比。

米（内蒙古）的临储价格，由 2008 年的 1.52 元/千克提高至 2013 年的 2.26 元/千克①。从实际结果看，最低收购价和临时收储的托市效应较为明显，随着最低收购价和临储价格的提高，还在一定程度上带动了政策范围内农产品市场价格的上升（图 4-2）。这对从事相关农产品生产的农户而言，显然起到了促进增收的积极作用。另外，从农产品生产者内部考察，上述价格政策的实施也有利于保障种粮农民群体的经济收益。2004 年后，我国粮食生产的利润率明显高于前几年，并在较长一段时期大致保持了相对稳定的状态。虽然该现象是多种因素共同作用的结果，但最低收购价与临时收储政策的贡献无疑是包含在其中的。上述价格政策的支持，一定程度上缓解了种植粮食相比种植经济作物收益偏低的问题，促进了不同农产品生产者间的经济利益平衡。

但是，稳定市场价格、保障农民收入只是农产品价格政策多元目标体系的一部分。评价农产品价格政策是否合理，除了看农民从该政策中获益多少外，还要考虑市场运行效率等其他因素。实行多年的粮食最低收购价及若干重要农产品临储政策，尽管较好地实现了稳价格、促增收的目标，但也产生了一些不利影响。其中，最主要的弊端是扭曲了市场价格，并由此引发一系列负面效应。随着最低收购价和临储价格的不断提高，托市价格作用过度放大，市场价格水平被动地被推高，粮食等相关农产品价格只涨不跌的预期增强，向农民发送出错误的增产信号，加剧了部分农产品的供需失衡。粮食库存量连续多年高企，庞大的政策性收购库存，给国家财政带来了较沉重负担。由于价格持续攀升，出现了国内外粮价倒挂现象，粮食进口压力猛然加大，并削弱了国内粮食的国

①　详见国家粮食和物资储备局网站。

元/千克

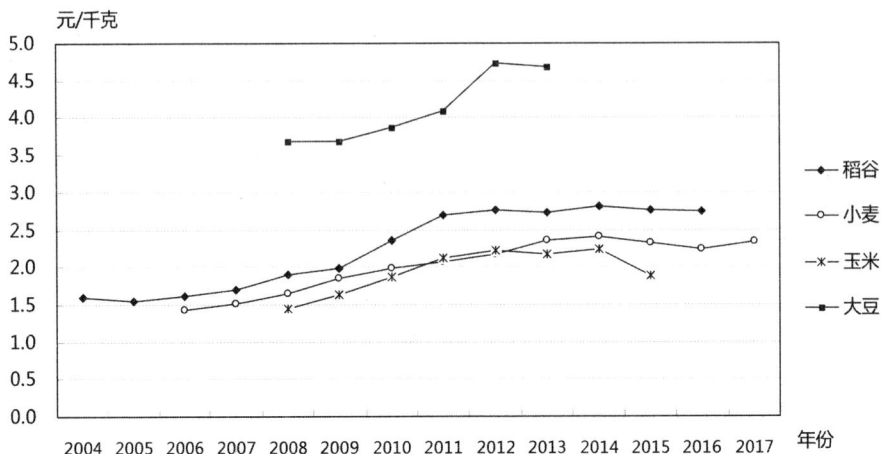

图4-2　我国稻谷、小麦、玉米和大豆平均售价变化

资料来源：根据历年《全国农产品成本收益资料汇编》相关数据计算。

注：各农产品以其最低收购价或临时收储政策开始实施的年份为起点，稻谷和小麦以首次下调最低收购价年份为终点，玉米和大豆以取消临时收储政策年份为终点。

际竞争力。由上可见，粮食最低收购价和临时收储政策虽然较好保障了农民特别是种粮农民的收入，但却在市场效率方面付出了不小代价，不利于粮食等大宗农产品行业的可持续发展。也正因为如此，我国从2014年起陆续取消了大豆、玉米等多种农产品的临储政策，并分别在2017年和2018年首次下调了稻谷和小麦的最低收购价。

三、农地流转价格机制的现实状况及影响效果

2014年11月，中共中央办公厅、国务院办公厅印发的《关于引导农村土地经营权有序流转发展农业适度规模经营的意见》提出，土地流转价格应由承包农户自行决定，流转收益归承包农户所有，这为建立农地流转价格机制指明了方向。2018年12月修正后的《农村土地承包

法》明确规定"土地经营权流转的价款，应当由当事人双方协商确定"，并将流转价款作为流转合同的主要条款之一。2021年1月，农业农村部制定的《农村土地经营权流转管理办法》，再次强调了土地经营权流转的价款要由流转双方平等协商确定。可见，流转双方在平等协商基础上的自主定价，已成为我国农地流转价格形成机制的基础。

在农地流转的实践中，农民等相关主体以平等协商为基础，根据流转方式、流转对象等具体情况采用了多样化的农地流转定价机制。除了自主协议定价外，常见的定价模式还包括：在农村产权交易市场通过招标、挂牌、拍卖确定价格或网络竞价，委托土地经营权流转价格评估机构评估定价，参考所在区域土地经营权流转基准价格或同类土地经营权流转市场价格定价等。经过长期的探索与改革，农地流转价格机制不断完善，逐步形成了一些促进定价公平合理有效的制度安排：一是价格指导机制。由地方政府建立分类分区域的农地流转指导价，供土地流转各方参考，防止不合理的要价或压价，维护流转双方的经济利益。二是价格评估机制。各地着力构建土地流转价格评估体系，支持有一定资质的价格评估机构参与土地流转的估价工作，出具土地经营权价格评估报告。三是价格增长机制。对流转期限较长的，引导流转双方根据综合物价指数等因素，约定递增年限及比例，确保转出土地农户的长远土地收益。四是价格发布机制。各地通过农村土地管理信息平台等渠道，按期公开发布本地土地流转交易价格信息，为流转双方提供价格参考。

不同地区不同类型农地的流转价格存在一定差异（表4-4）：从地区来看，东部地区农地的流转价格明显高于中部和西部地区，而中部地区农地流转价格略高于西部地区；从农地类型来看，耕地和园地的流转价格远高于林地和草地的流转价格，园地的流转价格相比耕地略高一些，而林地的流转价格又高于草地。地理区位因素对农地流转价格有重要影响，承包地区位条件较好的农民能在农地流转中获得更多的财产性收入。例如，著者在湖南调研时了解到，一般地区的土地流转价格在350元到550元之间，长沙、株洲、湘潭等处于城郊和产业发展较好的地区，土地流转价格大多在每亩700元到800元不等；韶山等旅游地，土地流转价格更高一些，有的能达到每亩1000元；但在湘西等经济欠发达地区，土地流转价格则处于150元到350元之间的较低水平。就变化趋势而言，各地各类农地的流转价格普遍呈现上涨趋势，在某些经济较发达、农业产业化规模化发展较快的地区，土地流转费出现了过快增长势头。尽管这有利于转出农地农户的收入增长，却大幅抬高了转入农地农业经营者的成本。

表4-4　不同地区与类型农地流转价格的差异　　　　单位：元

地区 农地类型	东部地区	中部地区	西部地区
耕地	853.7	582.1	580.9
园地	908.2	732.7	638.4
林地	543.7	290.7	273.8
草地	494.7	275.7	163.1

资料来源：中国土地政策与法律研究中心《农村土地经营权流转价格2022年度报告》。

我国开展农地流转的时间不长，农地流转价格机制仍处于发展阶段，目前还存在诸多不完善的地方，对农地流转双方合法合理经济利益的实现带来了一些不利影响，其中较突出的问题，一是自发流转不够规范，租金收益有风险。小农户自发分散流转农地时，定价的随意性往往较大，通常只是双方简单商量下就定，且相当一部分没有签订正式的书面合同，一旦发生纠纷很难通过法律途径维权。二是普通农户在由村集体推动的土地流转中缺乏议价能力。农户一旦流转土地，只能被动接受由村集体或企业事先拟定好的合同，单个农户面对作为组织形态存在的村集体或企业，无论是议价能力还是话语权都不具备优势（彭小霞，2021）。三是租金缺乏弹性容易引发流转双方矛盾。例如，有的流转地由种植粮食作物改为种植高价作物，但原先参照粮食作物确定的土地流转价仍固定不变，不少转出土地农民因觉得未能分享合理收益而与流入方发生纠纷。

四、农村集体经济收益分配制度的现实状况及影响效果

中共中央、国务院 2016 年 12 月发布的《关于稳步推进农村集体产权制度改革的意见》指出"健全集体收益分配制度，明确公积金、公益金提取比例，把农民集体资产股份收益分配权落到实处"；之后，财政部、农业农村部 2021 年 12 月印发的《农村集体经济组织财务制度》对建立健全农村集体经济收益分配制度提出了明确的要求；各地方政府据此出台了更详细的指导意见，推动农村集体经济收益分配制度日趋完善。综观各地制定的集体收益分配实施方案与实践举措，相关的制度安排主要体现在以下方面。

一是确定了集体收益分配的原则。通常遵循以效益为基础、发展成果共享、科学民主决策、按股份分配、程序规范、量力而行等基本原则。有的地方结合实际情况还提出了一些有创新特点的原则，如重庆涪陵区提出了"激励促进发展"，即集体成员分配到的收益同其为集体经济发展作出的贡献相挂钩，以此调动广大农民发展壮大农村集体经济的积极性。[①] 二是划定了集体收益分配的范围。通过正面清单、负面清单分别列出可以纳入集体收益分配、禁止纳入集体收益分配的集体收入项目。前者主要是经营收入、投资收益、服务收入、入股分红等扣除当年经营管理成本等支出后的剩余部分，再加上年初未分配收益；后者主要包括上级专项补助、留归集体的土地补偿费、集体资产转让所得、社会捐赠收入等。三是明确了集体收益分配的顺序。一般情况下，集体收益分配依次经过弥补以前年度亏损、提取公积金公益金、提取福利费、向成员分配、其他分配等环节。四是规定了各类分配的基本用途及比例。公积金公益金通常用于发展生产和公共服务，福利费侧重用于集体福利和困难户补助并坚持先提后用，其他分配的用途相对较多，如对有贡献人员的奖励、村集体主导产业补贴等。但是，不同地区对各类分配项目的比例规定有所差异。以公积金公益金为例，安徽黄山屯溪区要求不低于20%，浙江玉环市要求不低于30%，而山东淄博张店区则要求不超过30%，[②] 地区间的差异较大。

农村集体产权制度改革后，我国农村集体经济组织的基础得到夯实，集体经济收益实现了稳步较快增长。2015—2020 年间，全国集体经济年收益从 1416.7 亿元增加到 2137.8 亿元，年均增长 8.6%；由此带动集体经济可分配收益的持续增长，从 1827.0 亿元增加至 3493.8 亿

---

① 重庆市涪陵区农业农村委员会等印发的《涪陵区村级农村集体经济组织收益分配指导意见》（2022 年 12 月 28 日）。
② 根据各地政府发布的农村集体经济组织收益分配指导意见。

元，年均增速达 13.8%。在此期间，无经营收益的集体经济"空壳村"不断减少，占比从 53.6% 快速下降至 22.5%。考察集体经济收益分配结构（表4-5）可以看到，平均而言，未分配收益比重相对最高，其次是农户分配、公积金公益金、福利费，其他分配与外来投资分利所占比重较低。从变化趋势来看，近年来农户分配相对于公积金公益金、未分配收益的比例有所下降，一定程度上反映出农村集体经济收益分配向集体的倾斜。另外，目前农村集体经济的人均分红水平总体上偏低。以 2020 年为例，当年农村集体经济人均分红为 151.5 元，占农民人均可支配收入的比重仅为 0.9%，带动农民增收的作用较小。

表 4-5　农村集体经济收益分配结构　　　　单位:%

分配项目 ＼ 年份	2015	2016	2017	2018	2019	2020	平均
公积金公益金	23.8	23.2	22.1	23.6	26.3	22.5	23.6
福利费	15.0	15.2	15.2	13.6	12.4	10.8	13.6
外来投资分利	0.8	0.6	0.6	0.6	0.3	0.2	0.5
农户分配	28.8	29.4	28.6	26.6	26.9	22.1	27.1
其他分配	3.8	4.1	4.1	4.4	4.8	3.2	4.1
未分配收益	27.8	27.5	29.4	31.2	29.3	41.2	31.1

资料来源：历年《中国农村经营管理统计年报》或《中国农村政策与改革统计年报》。

由于不同地区农村集体经济的发展水平和收益分配结构存在较大差异，农民从集体经济中获得的人均分红呈现出显著的区域差距。2020年，集体经济人均分红水平最高的省份依次为北京（1884.9 元）、广东（1537.1 元）和上海（479.1 元），浙江、天津和江苏的人均分红也超过了 100 元，而其余省份均少于 100 元，其中东北三省不足 10 元。即使在同一省份内部，集体经济强村与一般村、弱村之间的分红差距仍然较大。由此可以推断，当前农村集体经济向农户分配的收益呈现出较高程度的不平衡状态，主要集中于沿海发达地区农村集体经济强村的村民，而大部分农民从集体经济中直接获得的收益非常有限，这不利于提升农民对农村集体经济的满意度与获得感。

农村集体产权改革的一项重要任务是将集体经营性资产以股份或者份额形式量化到本集体成员，作为参加集体收益分配的基本依据。但在实践中，不少地区集体经济收益向成员的分配未能严格以成员拥有的股权份额为依据，仍然沿用改革之前的福利分配办法或将两者混用，"资产变股权，农民当股东"的目标未能全面实现。另外，作者在调研中还发现，相当一部分农村集体经济是依靠少数能人带领得到发展壮大的，具有典型的"能人经济"特征，而现实中集体成员较难确定哪些收益是能人资源投入或其个人努力带来的，哪些收益是借助集体经济本身资源或外部扶持获得的，造成收益分配时难以合理确定能人应得收益。

五、农业产业化经营利益分配机制的现实状况及影响效果

农业产业化经营中利益分配机制的构建，是我国农业产业化经营进程中的一项重要任务。进入 21 世纪以来，数年的中央一号文件均提到了关于农业产业化经营利益分配的问题，并对相关的制度安排提出了方向性的要求（表4-6）。从中可以看出，我国农业产业化经营利益分配机制的构建，主要遵循了以下基本思路：第一，利益分配以农业产业链延伸价值链提升，农村一、二、三产业融合发展为基础，做大做强农业产业化经营成果才能使农民更多更好地从中分享收益；第二，利益分配机制的核心是建立健全利益联结机制，即农民与新型农业经营主体建立起紧密的利益联结，形成利益共同体，共享产业化经营利益；第三，农民通过多种渠道与形式参与利益分配，除了直接获得投入要素的报酬外，还包括从订单收购、利润返还等途径间接获得经济利益。

表4-6　中央一号文件中关于农业产业化经营利益分配的内容

年份	相关的主要内容
2008年	龙头企业要增强社会责任，与农民结成更紧密的利益共同体，让农民更多地分享产业化经营成果
2013年	推动龙头企业与农户建立紧密型利益联结机制，采取保底收购、股份分红、利润返还等方式，让农户更多分享加工销售收益
2016年	促进农业产加销紧密衔接、农村一、二、三产业深度融合，推进农业产业链整合和价值链提升，让农民共享产业融合发展的增值收益，培育农民增收新模式。 鼓励发展股份合作，引导农户自愿以土地经营权等入股龙头企业和农民合作社，采取"保底收益+按股分红"等方式，让农户分享加工销售环节收益
2017年	鼓励农户和返乡下乡人员通过订单农业、股份合作、入园创业就业等多种方式，参与建设、分享收益
2018年	大力开发农业多种功能，延长产业链、提升价值链、完善利益链，通过保底分红、股份合作、利润返还等多种形式，让农民合理分享全产业链增值收益
2019年	健全农村一、二、三产业融合发展利益联结机制，让农民更多分享产业增值收益

资料来源：相关年份的中央一号文件。

经过长期实践，农业产业化经营的利益联结形式越来越多样化，合作社、龙头企业等新型经营主体与农民的利益联结日趋紧密，对农民分享农业产业化经营增值收益起到了积极作用。总体而言，从促进农民增收视角来看，近年来的农业产业化经营利益分配主要呈现出如下特点：一是以契约方式保障农民在利益联结中的要素收入，农民通过向新型经营主体转让土地、资金等要素使用权实现了财产性收入较快增长；二是新型经营主体带动小农户连接大市场，在一定程度上降低了小农户直面市场的风险，提高了小农户销售农产品收入的稳定性；三是在投入和生产环节向农户提供生产性服务，促进农户降低生产经营成本、增加经营净收入。

　　然而，在肯定农业产业化经营利益联结对农民增收作用的同时，也要认识到现行产业化经营利益分配格局中，依然存在一些不利于农民充分共享产业化经营成果的问题。首先，农民尤其是小农户在参与农业产业化经营中，相比其他主体通常处于弱势地位，在协作谈判中的话语权弱、不占优势。因此，大多数情况下的实际利益分配更偏向于龙头企业等新型经营主体。其次，新型经营主体与农户的契约关系不很稳定，约束力还不够强，龙头企业等主体的违约往往造成签约农户的利益损失。再次，新型经营主体基于自身利润最大化考虑，有时利用合同的不完备找借口"敲竹杠"（形式包括压低采购价、提高供货要求、减少采购量、拖欠货款等），导致农民经营性收入非预期下降。最后，由于普通农户在农业产业化经营中多集中在上游初级产品生产环节，导致其较难直接分享加工与流通环节的增值收益；尽管实践中有些新型经营主体向农户返利或与农户进行利润分成，但这种做法目前并不非常普遍。

第三节 收入再分配制度的现实状况及影响效果

一、农民社会保障制度的现实状况及影响效果

1. 农民社会保障制度的演变与现状

我国农村社会保障制度主要由农村养老保障、农村医疗保障、农村最低生活保障等制度组成。长期以来，我国农村地区的社会保障建设滞后于城镇地区，大多数农民游离于制度化的社会保障"安全网"之外。进入 21 世纪特别是实施新农村建设后，农村社会保障制度建设步入快车道，在全国范围内相继建立了新型农村合作医疗制度、农村最低生活保障制度、新型农村社会养老保险制度等。其中，新型农村合作医疗试点工作于 2002 年最先启动，至 2013 年，新农合参保率已达到 99%，基本实现了全覆盖。农村最低生活保障制度经过前期试点后，于 2007 年正式在全国层面建立，此后农村低保的覆盖面逐步扩大、保障标准也趋于提高。新型农村社会养老保险的设立时间相对较晚，2009 年各地按"个人缴费、集体补助、政府补贴相结合"的要求开始建立新农保制度，之后仅用了三年时间就完成了从局部试点到基本全覆盖。在农村社会保障制度框架基本形成后，我国又开始进一步着手打破社会保障的城乡二元结构。2014 年，国务院决定将新型农村社会养老保险和城镇居民社会养老保险两项制度合并实施，建立城乡统一的居民基本养老保险制度；2016 年，国务院又提出整合城镇居民基本医疗保险和新型农村合作医疗两项制度，建立统一的城乡居民基本医疗保险制度。目前，城

乡居民基本养老和基本医疗的并轨工作已全部完成。

在农民工失业保障制度方面，1999 年颁布的《失业保险条例》最早对农民工参加失业保险作出了规定"为合同制农民工人缴纳失业保险费"。虽然这一条例将农民工纳入了失业保险制度覆盖范围内，但在城乡二元社会保障制度的背景下，农民工和城镇职工适用的失业保险制度有较大差异。同城镇职工相比，农民工享受的失业保护权益明显较少，其失业后只能领取一次性的生活补助，待遇形式单一且水平偏低。2017 年，我国对《失业保险条例》进行了修订，取消了原先"农民合同制工人个人不缴费、失业后领取一次性生活补助"的特殊规定，规定合同制农民工与城镇职工按统一办法参保缴费并领取待遇，由此在制度层面实现了农民工与城镇职工两大群体在失业保障上的公平性。根据修订后的条例，农民工失业后除了能按月领取失业保险金外，还可以享受职业培训、职业技能鉴定和创业补贴，与以往相比，不仅失业金水平更高，而且保障项目也更全面。但在现实中，由于就业流动性强等原因，相当一部分农民工未与受雇单位签订劳动合同，因此无法纳入失业保险体系；此外，受个人参保意识淡薄、企业逃避缴费责任等因素的影响，即便是合同制农民工，也有一定比例未参加失业保险。

2. 农村社会保障制度的收入分配效应

改革开放后到新型农村社会保障制度①正式建立前，我国农村社会保障体系长期处于一种碎片化状态，覆盖面狭窄、制度不规范、待遇标

---

① 新型农村社会保障制度是相对于以往传统农村社会保障制度而言的，其建立的主要标志是中央正式确定在全国范围内实行新型农村合作医疗制度（2002 年）、农村最低生活保障制度（2007 年）、新型农村社会养老保险制度（2009 年）。

准低，发展水平明显滞后于城镇社会保障，广大农民从社会保障中的受益很少。以山东省为例，2002 年该省农民人均养老金或离退休金仅为 16.06 元;[1] 与之相对照，该省同年城镇居民的人均养老金或退休金为 924.12 元,[2] 远远高于农民。农村社会保障制度不完善，除了影响到农民在收入再分配阶段的总体受益，更导致低收入农民尤其是失去（或部分失去）劳动能力的农民无法获得收入上的托底保障。2002 年以后，随着新型农村社会保障制度的逐步建立和发展，广大农民从社保改革中获得的红利不断增加，社保对低收入农民的托底保障功能也开始显现出来。近年来，社会保障转移收入已逐渐成为农民转移性收入的最重要组成部分。

接下来，重点定量分析当前农村社会保障对农民收入带来的直接影响。由于缺少全国层面农民社会保障转移性收入和支出的数据，因此以有相关数据的山东、浙江、吉林、山西、四川这 5 个省为代表进行分析。先考察农村社会保障对增加农民收入的作用，由表 4-7 可见，经过社会保障转移性收支的调节后，各省份农民人均收入水平都有不同程度的提高，且提高幅度都大于 6%，表明社会保障对增加农民收入确实产生了积极影响。

---

[1] 数据来源于《山东统计年鉴（2004 年）》。
[2] 数据来源于《山东统计年鉴（2003 年）》。

表 4-7　农村社会保障对农民人均收入的影响

收入项目 ＼ 省份	山东	浙江	吉林	山西	四川
初次分配收入（元）	17995	31043	14851	14183	18729
社会保障转移性收入（元）	1855	4400	1472	2359	2310
养老金或离退休金	1412	3623	970	1636	1410
社会救济和补助	77	227	126	359	335
报销医疗费	311	397	364	241	429
政策性生活补贴	55	153	12	123	136
社会保障转移性支出（元）	610	2091	515	444	592
社会保障转移净收入（元）	1245	2309	957	1915	1718
初次分配收入+社会保障转移净收入（元）	19240	33352	15808	16098	20447
收入提高幅度（%）	6.9	7.4	6.4	13.5	9.2

资料来源：根据各省份统计年鉴 2021 年相关数据计算。

　　农村社会保障还影响到农民内部的收入分配格局，这是因为不同收入层级的农民从农村社会保障中获得受益的程度存在差异。以山西为例，获得社会保障转移净收入后的收入提高幅度，从高到低依次是中低收入户、中等收入户、中高收入户、高收入户、低收入户（表 4-8）。中低收入户到高收入户受益程度的递减，有利于缩小农民内部收入差距；但低收入户受益程度在 5 个收入组中最低，显然会扩大农民内部收入差距。从社会保障转移性收支不同项目来看，转移性收入的累退性与转移性支出的累进性均不够理想，特别是转移性支出总体上反而呈现出累退性，成为农村社会保障对农民收入差距产生逆调节的重要原因。从收入再分配环节农民共享经济发展成果角度看，低收入户从农村社会保障体系中获益偏少，是当前农村社会保障制度的短板所在。为了更加准确地测度农村社会保障对农民内部收入差距产生的影响，使用梯形面积法估算并比较了农村社会保障转移性收支前后的农民收入基尼系数（山西），结果发现（图4-3）：社会保障转移性收入略微降低了基尼系数，促进了农民收入差距的缩小；但社会保障转移性支出却提高了基尼系数，反而进一步拉大了农民收入差距；从净效应看，社会保障最终还是造成农民收入差距扩大。

表4-8 农村社会保障对不同收入组农民人均收入的影响（山西）

收入项目 ＼ 收入组	低收入	中低收入	中等收入	中高收入	高收入
初次分配收入（元）	9464	10031	14930	23060	42943
社会保障转移性收入（元）	994	1817	2384	2907	4102
养老金或离退休金	552	1128	1508	1880	2374
社会救济和补助	247	363	376	322	397
报销医疗费	124	258	369	526	1055
政策性生活补贴	71	68	131	179	276
社会保障转移性支出（元）	427	488	589	654	901
社会保障转移净收入（元）	567	1329	1795	2253	3201
初次分配收入+社会保障转移净收入（元）	10031	11360	16725	25313	46144
收入提高幅度（%）	6.0	13.2	12.0	9.8	7.5

资料来源：根据《山西统计年鉴2022》相关数据计算。

注意：由于山东、浙江、吉林、四川缺少收入分组数据，故仅能对山西做计算。

另外还发现，社会保障尽管提高了农民人均收入水平，却导致城乡居民收入差距的扩大（表4-9）。再进一步细化分析，除了浙江外，其余三个省份的社会保障转移性支出，均起到了小幅降低城乡居民收入比的作用；但在所考察的四个省份，社会保障转移性收入却都提高了城乡居民收入比。可见，社会保障对城乡居民收入不平等的逆向调节结果，

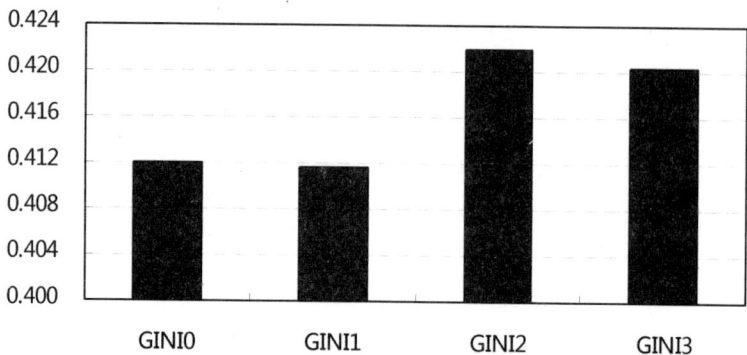

图4-3　农村社会保障转移性收支前后的农民收入基尼系数比较（山西）

资料来源：根据《山西统计年鉴2022》相关数据计算。

注意：GINI0、GINI1、GINI2、GINI3分别表示初次分配收入基尼系数、初次分配收入+社会保障转移性收入的基尼系数、初次分配收入-社会保障转移性支出的基尼系数、初次分配收入+社会保障转移净收入的基尼系数。

主要是由社会保障转移性收入造成的——更明确地说，是城乡社会保障在待遇上的巨大差距。从表4-9可以清楚地看到，在四个省份中，社会保障转移性收入的城乡差距远大于初次分配收入。对于这种现象，需要从制度设计上寻找根源。以养老保险为例，城乡居民基本养老保险（2014年前为新农保和城居保）的给付制度设计同城镇职工基本养老保险相比差异明显，使得两者的待遇有天壤之别。先比较基础养老金，城乡居民基本养老保险的基础养老金是按定额发放的，具体标准由地方政府确定，但普遍较低；而在城镇职工基本养老保险中，基础养老金则根据退休时本地区上年度在岗职工月平均工资和本人指数化月平均缴费工资的平均值为基数计算，水平明显高于前者。再比较个人账户养老金，由于平均而言城镇职工向个人账户的缴费一般多于城乡居民基本养老保险个人账户的资金注入，[1] 在按个人账户储存额计发个人账户养老金的情况下，城镇职工基本养老保险的发放水平自然也会高于城乡居民基本养老保险。

表 4-9　社会保障对城乡居民收入比的影响

收入项目 ＼ 省份	山东	浙江	山西	四川
初次分配收入	2.22	1.86	2.08	2.04
社会保障转移性收入	5.06	2.75	3.89	3.70
初次分配收入+ 社会保障转移性收入	2.48	1.97	2.34	2.22
社会保障转移性支出	3.84	1.41	3.73	3.74
初次分配收入- 社会保障转移性支出	2.16	1.90	2.02	1.99
初次分配收入+ 社会保障转移净收入	2.44	2.01	2.30	2.18

资料来源：根据各省份统计年鉴 2021 年相关数据计算。

注：表中数据为各类人均收支城乡比；吉林缺少城镇居民相关数据，故无法计算。

二、农业补贴政策的现实状况及影响效果

进入 21 世纪以来，我国开始实施以促进农业生产、提高农民收入为目标导向的农业补贴政策，覆盖了农业生产的多个环节。较早推出的是 2002 年启动的农作物良种补贴和粮食直接补贴。其中，农作物良种

---

[1]　城镇职工基本养老保险个人账户的资金来源仅是个人缴费，即个人账户全部由个人缴费形成；城乡居民基本养老保险个人账户的资金来源包括个人缴费、集体补助、政府补贴等。

补贴先从大豆开始试点，然后推广到小麦、玉米、水稻等主要农作物，该政策通过补贴购买优质种子的农民，起到了促进良种使用、降低良种成本的作用；粮食直接补贴先在吉林、安徽进行试点，两年后向全国全面推广，粮食直补的实施在一定程度上提高了农民种粮积极性并增加了粮农的收入水平。2004年出台的《农业机械促进法》提出"中央财政、省级财政应当分别安排专项资金，对农民和农业生产经营组织购买国家支持推广的先进适用的农业机械给予补贴"，农机具购置补贴政策由此推行；该项补贴早期是发放给农机具生产厂商的，后期改为直接向农机具购买者发放，更有效地起到了降低农民购置农机具成本的作用。到了2006年，为了弥补成品油等农业生产资料价格上涨对农业生产成本带来的不利影响，国家又制定实施了农业生产资料综合补贴，这项补贴在降低农户生产投入费用的同时，也促进了农资使用量的增加。

随着农业农村发展形势的变化，原先的农业补贴政策效应趋于递减。为此，国家决定从2015年起对农作物良种补贴、种粮农民直接补贴、农资综合补贴等补贴政策加以调整。改革的主要举措是将良种补贴、粮食直补、农资综合补贴合并为"农业支持保护补贴"（下文简称"三补合一"），政策目标转向支持耕地地力保护和粮食适度规模经营。农业支持保护补贴的资金主要来源于中央财政预算和粮食风险基金，通过"一折通"直接发放到农户手上。这项改革的实施范围广、给农民的实惠多，在农民中获得了良好的政策反响。"三补合一"使农业直接补贴的指向性、精准性和实效性有所提高，推动了支农政策由"黄箱"往"绿箱"的转化，并拓展了财政补贴支持农民增收的政策空间。除此之外，我国还进一步完善了农机具购置补贴政策，对补贴标准进行了"有升有降"

的结构性调整，并加快补贴资金兑付、保障农民合法权益。

从变化趋势来看，在2004—2015年间，除个别年份外，我国农业直接补贴呈现出逐年增长态势，人均补贴额不断提高（表4-10）。实行"三补合一"改革后，农业直接补贴人均水平有了阶梯式的较大幅度跃升，并在此后总体上保持基本稳定（表4-11）。不过，长期以来，农业直接补贴在农民可支配收入中的占比较低，"三补合一"改革前为1%左右，改革后有所提高，在2%上下。但是，近年来，农业直接补贴占农民可支配收入的比重连续下降，反映出其对农民增收的作用趋于减弱。

表4-10 2004—2015年农业补贴人均水平

年份	良种补贴（元）	粮食直补（元）	农机具购置补贴（元）	农资综合补贴（元）	合计（元）	占农民收入比重（%）
2004	3.76	15.32	0.09	0.00	19.18	0.65
2005	5.19	17.71	0.40	0.00	23.30	0.72
2006	5.67	19.41	0.82	5.30	31.21	0.87
2007	9.32	21.12	2.80	7.51	40.74	0.98
2008	10.04	21.45	5.68	9.20	46.38	0.97
2009	22.45	21.90	18.86	9.20	72.41	1.41
2010	30.40	22.50	21.59	9.33	83.81	1.42
2011	33.85	23.23	26.93	9.42	93.43	1.34
2012	37.65	1.73	31.37	9.82	80.57	1.02
2013	33.52	43.21	34.97	9.53	121.24	1.36
2014	34.02	54.18	38.83	9.34	136.37	1.30
2015	34.48	23.80	40.07	11.00	109.35	0.96

资料来源：根据财政部、农业农村部网站和历年《中国农村统计年鉴》相关数据计算。

表4-11　2016—2020年农业补贴人均水平

年份	农业支持保护补贴（元）	农机具购置补贴（元）	合计（元）	占农民收入比重（%）
2016	245.15	41.43	286.57	2.32
2017	257.60	33.41	291.01	2.17
2018	222.68	34.38	257.06	1.76
2019	229.15	33.81	262.96	1.64
2020	236.35	33.23	269.58	1.57

资料来源：根据财政部、农业农村部网站和历年《中国农村统计年鉴》相关数据计算。

除了影响农民收入水平外，农业直接补贴政策还产生了收入再分配效应。一方面是不同生计方式农户间的再分配。由于农业直接补贴的对象是农业生产者特别是粮食种植者，因此，纯农业户相比兼业户受益更多，而非农户则未从补贴中受益；在纯农业户中，种粮户的受益又高于其他农业生产户。另一方面是不同收入水平农户间的再分配。现行的农业直接补贴主要与耕地面积挂钩，重点在于支持耕地地力保护和适度规模经营，其政策目标并非调节农民收入差距。从实际分配效应来看，由于土地充裕的农户通常拥有更高收入，农业直接补贴调节农民内部收入差距的效果并不理想。孙钰（2014）的实证分析表明，收入水平较低农户从农业补贴政策中的受益较少，而收入水平较高农户从补贴中获益更多；朱青、卢成（2020）的研究也发现，农业补贴对个体并没有产生均等化效应，对农民收入分配状况反而具有逆调节作用。

第五章

我国农民在收入分配环节更好共享经济
发展成果的制度优化对策

第四章的分析表明，我国已初步构建起能使农民在收入分配环节较好共享经济发展成果的制度体系，随着制度体系的不断完善，农民通过收入分配共享经济发展成果的水平总体上趋于提高。但与此同时，也要看到就收入分配环节而言，目前农民共享经济发展成果依然不够充分，还存在一些不合理不公平的制度安排。进入新发展阶段，要以促进农民增收、实现农民共同富裕为导向，从生产条件制度、收入初次分配制度、收入再分配制度入手继续深化改革，促进农民在收入分配环节更好共享经济发展成果，进而让广大农民更有获得感与幸福感。

第一节　新阶段制度优化的总体思路与实施构想

当前，我国已完成脱贫攻坚、全面建成小康社会的历史任务，进入全面建设社会主义现代化国家的新发展阶段，正朝着全面建成社会主义现代化强国、实现第二个百年奋斗目标迈进。党的二十大报告提出，到2035年要使全体人民共同富裕取得更为明显的实质性进展。促进农民农村共同富裕是推动共同富裕的重要任务，同时也是实现共同富裕最艰巨最繁重的任务；而使农民在收入分配环节更好共享经济发展成果，对促进农民农村共同富裕具有重要意义。为此，进入新发展阶段后，需进一步建立健全有利于农民在收入分配环节更好共享经济发展成果的制度安排，促进农民持续增收、提高农民生活水平，使广大农民走上共同富裕之路。

一、坚持以系统观念推进制度优化

系统观念是马克思主义认识论和方法论的重要范畴。坚持系统观念是以习近平同志为核心的党中央在总结各方面实践经验基础上，对思想方法所作出的新概括，这既是我们党坚持辩证唯物主义和历史唯物主义认识论、方法论的新提升，也是推进全面深化改革开放的内在要求。从收入分配方面建立健全农民共享经济发展成果的制度安排，涉及领域广、主体多，是一项庞大复杂的系统工程。为此，要让系统观念贯穿到完善农民共享经济发展成果制度体系的全过程，使这一重要观念在制度优化进程中发挥重要的方法论指引作用。

首先，要加强制度体系的全局性谋划，将生产条件制度、收入初次分配制度、收入再分配制度作为有机整体进行通盘考虑、统筹设计；特别要重视通过生产条件制度的优化，为完善收入分配制度提供良好的前提保障，从根本上消除制约收入公平合理分配、农民共享发展成果的障碍。其次，要加强制度改革的战略性布局，站在新发展阶段、时代前沿和全体人民共同富裕现代化的高度观察、思考与处理问题，透过纷繁复杂的表面现象把握农民共享经济发展成果的本质要求与内在规律，在解决突出矛盾中实现战略突破，在把握战略全局中推进相关制度改革工作。最后，要加强制度优化的整体性推进，在厘清各项制度安排关联性的基础上，促进制度优化的协调推进，防止畸重畸轻、单兵突进、顾此失彼，不断提升改革的整体绩效。

二、强化以人民为中心的制度导向

人民性是马克思主义最鲜明的品格，以人民为中心是新时代坚持和发展中国特色社会主义的根本立场，充分彰显出新时代中国共产党人的鲜明价值取向。党的二十大报告提出的"六个必须坚持"中，就有"必须坚持以人民为中心的发展思想"这一条重要原则。只有维护人民根本利益，增进民生福祉，不断坚持发展为了人民、发展依靠人民、发展成果由人民共享，才能让现代化建设成果更多更公平地惠及全体人民。在建立健全使农民从收入分配环节更好共享经济发展成果的制度体系的过程中，也要始终把人民立场作为根本立场，用以人民为中心的发展观统筹推进相关制度建设与改革。

在生产条件与收入分配方面强化以人民为中心的制度导向，要求努力做到以下几点：一是将广大农民群众的切身利益摆在首要位置，以此作为制度建设工作的出发点和落脚点，将农民福祉是否得到增进作为衡量制度优化绩效的最主要标准，尽最大可能消除不利于增进农民利益的制度因素。二是在制度改革中深入群众、深入实践，充分了解制约农民共享经济发展成果的瓶颈障碍，虚心倾听农民群众的利益诉求与改革建议，使制度设计方案更好地回应时代需求、赢得农民认可、经受实践检验。三是坚持农民主体地位，广泛依靠广大农民群众的力量推进制度优化，及时发现并善于总结源于农村基层的制度创新经验做法，充分调动农民参与涉农制度建设与实施的积极性，从农民群众的创造性实践中最大限度发掘制度改革红利。

三、推进乡村振兴夯实共享基础

共享的前提和基础是共建，只有合力将"蛋糕"做大，才能更好地分配"蛋糕"。对于广大农民而言，共享经济发展成果最关键的就是加快乡村经济社会发展，不断做大农村经济"蛋糕"。改革开放以来我国农民收入增长的历史经验也表明，以乡村产业为中心的农村经济发展是带动农民持续增收、提高农民生活水平的最基本的动力来源。党的十九大首次提出实施乡村振兴战略，并将其作为七大战略之一写入党章。近年来，乡村振兴重点工作布局全面展开，农村经济、社会、文化、生态各方面建设统筹推进，成效逐步显现。通过几年的努力，现代农业根基进一步巩固、乡村产业链不断延伸、公共服务短板陆续得到弥补，脱贫攻坚任务全面完成，农民共享农村经济发展成果的物质基础越来越雄厚。

但是，农业农村依然是我国建设现代化国家的薄弱环节。要提高农民共享经济发展成果的水平和质量，仍需要坚持农业农村优先发展、继续推进实施乡村振兴战略，这是进一步夯实共享基础的客观要求。从制度优化方面看，在今后推进乡村振兴过程中，应重点抓好以下工作：一是健全农村公共服务供给机制，提高农村公共服务供给水平；二是完善农业产业化经营的体制机制，促进乡村产业兴旺；三是深化农村集体经济制度改革，发展壮大新型农村集体经济；四是加强有利于农业农村发展要素保障的制度建设，以充足且高质量的要素激活农村经济发展活力；五是优化农民社会保障制度，逐步提高待遇水平、适当增强再分配功能。

四、在城乡融合发展中促进共享

进入新时代后，我国社会主要矛盾转化为人民日益增长的美好生活需要和不平衡不充分的发展之间的矛盾。而当前我国最大的不平衡是城乡关系不平衡，最大的不充分是农村发展不充分。城乡关系不平衡与农村发展不充分，也成为我国农民共享经济发展成果水平偏低、相比城镇居民有较大差距的深层次原因。解决这一矛盾，不能仅仅依靠城镇化，因为即便基本实现城镇化后仍会有4亿多人口生活在农村地区。另一方面，乡村振兴也不能就乡村来谈乡村，而应当走以城带乡、以工促农的路子，在城乡融合发展中推进乡村振兴，最终实现农民农村共同富裕的目标。

正因为如此，农民共享经济发展成果相关制度的优化，需置于城乡融合发展的总体框架中加以谋划实施，着力从融合发展中发掘和释放促进农民增收的制度红利。所以，今后要加快建立健全城乡融合发展的体制机制与政策体系，实现城乡要素平等交换、双向流动。从收入分配和共享发展角度看，制度优化的重点是农业转移人口市民化机制、城乡基本公共服务均等化机制、城乡一体化就业创业机制、生产要素下乡促农机制、城乡产业联动发展机制、城乡社会保障一体化制度等。在制度优化过程中，还要特别注重推动城乡居民基本权益的平等化，鼓励创新有利于城乡居民普惠共享的制度。

五、健全利益均衡调节保障机制

随着中国特色社会主义建设的不断推进，中国社会的利益结构与利益关系出现了显著变化，如何全面协调各种利益关系，使全体人民共享经济社会发展成果，成为全社会关注的焦点（吕健，2016）。就农民在收入分配环节共享经济发展成果而言，这一过程既涉及农民与其他经济主体间利益的分配，也涉及农民内部不同群体或个体间利益的分配。在共享发展与共同富裕目标导向下，要尽可能协调好上述各个层面的利益关系，使相关经济主体的合法合理利益都能得到维护。唯有如此，才能广泛调动各方面的积极性与创造性，加快促进共建共享，更好实现社会和谐。

所以，今后在优化设计农民共享经济发展成果制度的过程中，要遵循利益均衡、利益调节、利益保障三个基本原则来完善相关制度安排。在利益均衡方面，要在各种利益关系间寻找到平衡点，通过优化制度设计，力求将不同主体间的利益冲突降至最低限度，使利益分配格局能为各方所接受。在利益调节方面，当市场机制主导形成的利益分配格局不尽公平合理时，要充分利用政府机制、社会机制加以优化调节，综合运用法律、经济与行政手段构建常态化长效性的调节机制。在利益保障方面，要使制度安排充分体现利益分配的底线公平原则，进一步畅通弱势群体的利益表达渠道，同时不断提高利益保障的法治化水平。

第二节　生产条件制度的优化路径及具体措施

一、优化农村公共产品与服务供给制度的路径与措施

首先，优化农村公共产品与服务的供给决策机制。完善农村公共产品与服务的需求表达机制，引导广大农民通过组织化、规范化的途径表达自身的公共产品和服务需求；充分发挥农民自治机制的民主决策功能，使农村公共产品与服务供给更好契合农民的多层次需求。构建农村公共产品与服务供给主体对农民需求的反应机制，及时根据农民需求变化作出相应的供给调整，增强供给的弹性与灵活性。但是，鉴于农民对公共产品和服务的需求带有一定程度的"短视性"，农村公共产品与服务供给也不能完全盲从于农民诉求。一方面，要确保具有有益品性质的公共产品和服务的必要供给量；另一方面，还要逐步提高农民对公共产品和服务的理性选择能力。

其次，推动农村公共产品与服务多元化投入机制创新。坚持农业农村优先发展，适应乡村振兴与促进农民增收要求健全公共产品与服务多元化投入机制。进一步加大财政对农村公共产品与服务的投入，确保"力度不减弱、总量有增加"；支持地方政府在风险可控条件下发行一般债券和专项债券用于乡村振兴公共设施建设。通过深化"放管服"改革、运用财税优惠等手段，引导与撬动更多社会资本投入乡村公共产品与服务发展重点领域和薄弱环节。综合考虑各地财力状况、土地出让金规模、"三农"发展需求等因素，逐步提高土地出让收入用于农村公

共产品与服务的比例。

再次，补齐农村公共产品与服务供给的若干短板。一是补齐交通物流设施与服务短板。继续高标准建设"四好农村路"，生产规模和物流运输量大的地区要提高公路等级；加快村一级的物流快递网点布局建设，推进建设综合性的村级寄递物流服务站；针对快递进村运营成本高的问题，政府相关部门要在财税政策等方面给予必要的优惠和支持。二是补齐信息基础设施与服务短板。有序推进农村信息基础网络设施的改造升级，实施新一代信息基础设施建设工程；着力解决好部分偏远地区网络信号较弱或不稳定的问题，切实改善通信质量；创新电信普遍服务补偿机制，确保广大农民不仅"装得上"也要"用得起"。三是补齐农村科技服务的短板。依托试验示范基地、专家工作站、科技小院、技术服务站等载体，形成政府部门、科研机构、涉农企业多元主体协同推进农村科技服务的格局；改进和创新基层农技推广的方式方法，破解技术落地"最后一公里"难题，提高农技入户率和到位率。

最后，加快城乡公共产品与服务制度的统筹。推进城乡基本公共服务标准统一、制度并轨，明确相关公共服务设施、设备、人员配备和日常经费的标准，以标准化促进城乡基本公共服务的均等化、普惠化和便捷化。完善城乡基础设施统一规划、统一建设、统一管护机制，推动城镇公用设施往农村地区延伸，促进乡村基础设施提档升级。加强城乡间公共服务设施的共建共享，提高城乡基础设施的互联互通水平，为农民更好享有公共设施与服务提供便利化条件。促进基本公共服务资源持续向农村尤其是偏远与贫困农村地区的倾斜，进一步缩小城乡间公共服务在数量和质量上的差距。

二、优化城乡就业制度的路径与措施

要以维护保障农村劳动者平等就业权、促进城乡劳动力平等就业为导向，进一步深化劳动就业制度改革，使城乡统一的就业制度更加健全。制度完善的目标是着力消除对农村劳动力的制度性歧视，切实保障农村劳动者的各项就业权利，形成城乡统一、公开透明、平等竞争、规范有序的就业市场，破除劳动力市场分割，促进农村劳动力在城乡间、地区间、行业间自由流动与自主择业，使农村劳动力获得更多更好的就业机会。

城乡统一就业制度的优化路径包括：第一，完善城乡统一的就业准入和退出制度。严格规范企业等用人单位的招工行为，禁止在招聘中设置针对户口和来源地的要求；消除地方政府对本地居民的就业保护行为，促进就业的公平竞争；加强对城乡劳动者平等就业的劳动执法监察，探索并建立反就业歧视的专门机构；引导和支持高素质、高技能农民工进入大型国企与事业单位，逐步破除农村劳动力进入一级劳动力市场的制度壁垒；规范企业用工年龄管理，指导企业不得以年龄为由"一刀切"清退大龄农民工。第二，完善城乡统一的公共就业服务制度。优化城乡公共就业服务网络布局，推动市域就业服务向乡镇和村社延伸，增强农村基层公共就业服务能力；推动公共就业服务机构向城乡劳动力全面开放并提供一视同仁的服务，加快服务的规范化、标准化建设；健全城乡互通的公共就业服务信息网络，促进城乡就业信息充分共享；将统一的基本就业服务与群体差别的特色服务结合起来，根据农民工特点创新服务方式（王阳，2013）。第三，完善城乡统一的就业失业登记制度。在城镇地区和农村非农部门对城乡劳动力实行统一的就业与失业登记制度，允许失业农民工在常住地、就业地或参保地进行失业登记，充分掌握城乡劳动力在非农部门就业和失业的动态情况，为统筹城乡就业政策、优化城乡就业服务提供更好的基础数据支持。第四，完善城乡统一的就业创业扶持政策。在就业创业扶持政策上做到对城乡劳动者一视同仁，消除城乡不平等待遇；加强对城市农民工创业的引导和扶持，将现行城镇居民创业扶持政策向城市农民工延伸，助力有条件的城市农民工群体由"打工"转向"创业"；健全支持农民工返乡就业、创业的政策体系，为返乡农民工提供更有针对性的就业、创业指导服务，提高返乡农民工就业、创业成功率。

农村劳动力的平等就业问题不仅涉及城乡劳动力市场本身，而且涉及社会保险、住房保障、城镇规划等事宜。社会保险转移接续是否方便、进城后能否获得良好居住条件、工作和居住地周边生活服务设施是否便利，都影响到农村劳动力就业平等权的实现。因此，为使农村劳动力平等就业权落到实处，除了构建城乡统一的就业制度外，还需要从社会保险、住房保障、城镇规划等方面推进相关的配套改革。在社会保险方面，要进一步畅通城镇职工基本养老（医疗）保险与城乡居民基本养老（医疗）保险间的转移接续通道，优化社会保险关系跨地区转移接续业务办理流程，使转移接续更加规范、高效、便捷。在住房保障方面，要积极发展并有效规范住房租赁市场，逐步将农民工纳入城镇住房保障体系，让进城农民工住有所居、安居乐业。在城镇规划方面，旧城改造要充分考虑农民工等低收入群体的利益，倡导更具包容性的旧城改造模式，在农民工集中工作与居住地周边规划建设同其收入和消费偏好相适应的商业与综合服务设施。

三、优化城乡人口流动管理制度的路径与措施

首先，进一步放宽农业转移人口的落户条件。明确时间节点，有序取消除超大城市之外其他所有城市的落户限制，对于超大城市，探索在郊区实行相比城区较为宽松的落户政策；调整优化积分落户政策，改变目前积分落户过于偏向高端人才的状况；提高就业、居住、社保缴纳年限积分所占比重，逐步取消积分落户数量限制，优先解决好长期在城市工作生活的农业转移人口的落户问题；消除各种形式的隐形落户门槛，简化落户流程和手续。

其次，完善对非户籍常住农业转移人口的公共服务。强化凭居住证在居住地享受公共服务的功能，使拥有居住证的农业转移人口获得与本地城镇居民相同的基本公共服务待遇。鼓励地方政府持续拓展居住证持有者享受公共服务的范围，着力提高居住证的"含金量"。从促进增收角度考虑，需重点解决好以下四大领域的公共服务问题：一是公共就业和培训服务。向农民工提供统一标准的就业和培训服务，取消享受职业技能培训补贴的户籍限制。二是随迁子女教育。强化随迁子女义务教育保障，以公办学校为主将随迁子女纳入本地义务教育保障范围，进一步简化入学手续；鼓励有条件的地区逐步将随迁子女纳入普惠性学前教育、中等职业教育、普通高中教育保障范围。三是社会保险。通过广泛宣传增强农民工参保①意识，提升参保积极性；加强对用人单位为农民

---

① 这里专指参加城镇职工社会保险，包括城镇职工基本养老保险、城镇职工基本医疗保险、城镇职工失业保险。

工缴纳社保的监督检查；消除社保转移接续面临的障碍，提高社保的可携带性。四是住房保障。将住房保障纳入居住证基本公共服务保障范围，扩大面向农业转移人口的保障性住房供给。

再次，健全农业转移人口市民化的配套制度。农业转移人口的流入和市民化会增加流入地的财政支出和建设用地需求。为了调动地方政府吸纳农业转移人口及推进其市民化的积极性，需要进一步健全"人地钱挂钩"政策与市民化财政成本分担机制，以此助推农业转移人口市民化进程。在"人地钱挂钩"政策方面，要坚持以人定地、钱随人走的改革方向，在现有政策文件①基础上制定细则、明确标准，推动政策更好落地实施；利用大数据做好农业转移人口市民化相关数据采集和统计工作，为执行"人地钱挂钩"政策提供坚实的基础数据支撑；加快并优先推进义务教育领域"钱随人走"的转移支付改革，提高随迁子女义务教育保障能力；鉴于农业转移人口中跨省迁移比例较高的现实，还需大力促进城乡建设用地增减挂钩节余指标跨省域调剂。在市民化财政成本分担机制方面，要根据公共服务的外溢性优化各级政府分担比例，对外溢性较强的基础教育、社会保障等公共服务，适当提高中央和省级财政负担比例；创新农业转移人口市民化融资机制，在有条件的地区探索发行市民化专项债券，主要用于保障性住房等建设周期较长的公益性投资项目。

---

① 主要包括《国务院关于实施支持农业转移人口市民化若干财政政策的通知》（国发〔2016〕44号）、国土资源部等五部委联合印发的《关于建立城镇建设用地增加规模同吸纳农业转移人口落户数量挂钩机制的实施意见》（国土资发〔2016〕123号）、财政部印发的《中央财政农业转移人口市民化奖励资金管理办法》（财预〔2022〕60号）等。

四、优化农村集体产权制度的路径与措施

继续深化农村集体产权制度改革，赋予广大农民更加充分的财产权益，有助于增加农民获取更多收入尤其是财产性收入的机会，是新发展阶段促进农民增收的有效途径。推动农村集体产权制度改革走向深入的关键在于扎实做好确员确权、稳步推进赋权拓能、有序实现权利放活。在改革中既要解决产权不清晰的问题，也要解决城乡产权地位不平等的问题；既要解决财产权能受限的问题，也要解决财产权利保护不力的问题。应聚焦权利分置与权能完善，不断健全农村集体产权制度安排，最大程度激活"沉睡"的资源资产，让农民更好地分享经济发展与改革创新带来的红利。

处理好农民与土地关系是农民致富的根本，深化农地产权制度改革是农村集体产权制度改革的重点。在承包地产权制度方面，要落实好第二轮土地承包到期后再延长30年的政策，确保绝大多数农户原有承包地保持稳定、顺利延包；在巩固"三权分置"改革成果基础上进一步放活经营权，推进农地流转的规范化制度化建设，促进承包地公平高效流转。在宅基地产权制度方面，鉴于宅基地涉及面广、改革难度大的实际情况，宜在审慎稳妥的前提下有序推进所有权、资格权、使用权的分置；力求将宅基地的底数摸清，把相关基础性工作做扎实；适度放活宅基地和农民房屋的使用权，加快闲置宅基地和农民房屋的盘活利用；继续抓好新一轮的改革试点，总结形成一批可复制可推广的确权、赋能、活权的制度成果。在集体经营性建设用地产权制度方面，须合理确定入市土地的规模、时序和节奏，确保农村集体经营性建设用地与国有建设用地同等入市、同权同价；加快形成城乡统一的建设用地市场，切实解决城乡土地权能不平等、交易不公平的问题；着力健全城乡建设用地服务体系，为集体经营性建设用地入市提供完备的信息服务、地价评估、交易代理、纠纷仲裁等服务。

农村集体经营性资产产权制度的后续改革，要重点围绕完善资产股份权能、激发资产发展活力展开。一是引导各地结合实际探索多种形式的集体经营性资产股份合作制。在股权设置中以成员股为主，可综合考虑承包地面积、家庭人口、劳动贡献等因素，增设土地股、户籍股、劳龄股、贡献股等股份形式，更好保障集体成员的资产权益。二是推动集体经营性资产产权改革与乡村产业振兴紧密衔接。立足本地区域特色和比较优势，充分利用集体经营性资产积极发展乡村新产业、新业态，促进资产向可增值资本的转变，使农民更好地分享产业兴旺带来的红利。三是努力提升集体经营性资产经营管理的效能。鼓励各地积极探索物业出租、居间服务、资产参股等资产运营新模式，切实落实好农民对集体经营性资产的民主监督权，在集体经营性资产薄弱的村庄开展"消薄清零"与提升行动。

赋予和落实农民对集体资产有偿退出、抵押、担保等方面的权能，确保农民拥有集体资产的完整物权，是今后一段时期我国农村集体产权制度改革攻坚克难的主要方向之一。要顺应农村人口流动需要，建立健全承包地、宅基地、集体经营性资产股权有偿退出机制，增强产权的流动性，这有利于推动农民"携资进城"，加快农业转移人口的市民化。在风险可控前提下，引导各地稳妥推进承包地经营权和农民住房财产的抵押担保，依法合规开展集体经营性建设用地使用权的抵押融资，扩大集体经营性资产股权抵押担保试点范围，同时完善风险补偿与抵押物处置等配套政策，上述举措对增强农民融资能力有积极意义。

五、优化农村金融制度的路径与措施

一方面，要建立健全抑制农村资金外流的农村金融制度安排。面对农村资金外流较严重的现象及其引发的农民融资难、融资贵问题，亟待构建农村金融资金反哺回流的体制机制，缓解城乡金融资源配置的不平等状况。为此，要不断优化多元化、相互补充的涉农金融供给体系，充分调动金融机构支持"三农"发展的积极性。适当放宽农村金融市场准入的条件，鼓励与引导地方性中小金融机构提供涉农金融服务；进一步加大涉农信贷的投放规模，保持同口径涉农贷款余额稳定持续增长；引导地方科学制定县域存贷比提升计划，合理下放县域分支机构信贷的审批权限，努力提升县域存贷比水平；强化农村信用合作社、村镇银行的支农支小地位，对出现偏离的机构由属地监管部门及时进行约谈和通报提示。

另一方面，要通过深化金融制度创新提高农民融资可得性。一是推动农户信用体系建设。完善农户信用体系是缓解农民融资中信息不对称问题的重要手段，对提升农民融资能力具有重要的促进作用。要加快形成覆盖财政、税务、工商等相关部门的集中统一的征信管理体系，畅通各部门间的信息沟通渠道，实现农户基础信息与信用数据的共享，增强银行等金融机构与农民间的信息透明度。还要推动传统授信向精准授信的转变，探索通过金融服务平台调用农民信用数据信息，多维度为农户画像，在线精准授信放贷。二是加快农村非正规金融的合法化与正规

化。鉴于现阶段正规金融难以充分满足农民不断扩张的资金需求的客观事实，再加上非正规金融确实是农民融资的重要渠道，对于农村地区的非正规金融应采取因势利导的政策，在趋利避害过程中使其更好地服务于"三农"。为此，要将农村非正规金融活动纳入正规金融监管体系中去，对运营较为规范的非正规金融机构给予扶持，促使其发展成为小额信贷公司、社区银行等新型农村金融组织；积极开展非正规金融与正规金融的合作，提高金融资源配置效率。三是进一步支持农村普惠金融创新发展。大力推动金融机构向县域农村延伸，推进农村基层金融服务站建设，在节点乡镇和村屯依托行政村部、小卖店等公共场所设立村级金融服务站，逐步实现村级农村金融综合服务站全覆盖，打通农村金融服务"最后一公里"难题。将巩固拓展脱贫攻坚成果作为新阶段普惠金融深化发展方向，把信用贷款、涉农保险等有防返贫作用的普惠金融工具陷入贫困治理中，提升普惠金融防返贫效能；通过普惠金融为相对贫困农户发展生产经营、投资人力资本提供资金支持。

六、优化涉农教育和培训制度的路径与措施

以提升农民文化水平、职业能力与综合素质为导向，统筹义务教育、职业教育和职业培训的协同发展，推动新发展阶段涉农教育和培训制度建设迈上新台阶，使农民具备较强的适应城乡现代产业发展和市场竞争的职业能力，以更高水平的人力资本支持农民实现持续较快增收。

第一，进一步提升农村义务教育质量水平，建立健全有利于城乡义务教育质量均等化的体制机制。继续深入推进城乡义务教育均等化，在巩固数量层面均等化的同时，更加注重促进质量上的均等化。结合乡村

振兴战略，弥补农村义务教育学校薄弱环节的建设，完善教育配套设施，持续改善农村小学和初中的基本办学硬件条件。加强农村义务教育师资队伍建设，落实好乡村教师生活补助政策，职称评聘向乡村教师倾斜，让乡村教师留得住；对乡村中小学教师加大在职培训、学历教育力度，提高教学能力，让乡村教师教得好；优化城乡师资交流机制，为义务教育城乡均衡发展提供坚实的师资保障。健全农村义务教育经费保障机制，中央财政继续加强对农村义务教育薄弱环节的改善与能力的提升并补助资金，省级财政加强资金统筹使用并增加本级投入。以数字赋能推进城乡教育共同体建设，可通过搭建网上教育平台，实现城乡中小学间备课、教案、题库等的互通互用，促进城市优质义务教育资源向农村开放共享。

第二，构建现代农民职业教育制度，大力培养高素质职业农民。按照"农学结合、弹性学制"的基本思路开展职业教育，在教育培养中重视学用结合、学以致用，兼顾职业技能需要和学历提升需求，课程安排更好适应农民居住分散、学习与生产兼顾的实际情况，使更多农民通过弹性学制参加中高等农业职业教育。深化产教融合，促进农业职业院校与涉农企业深度合作，推动农民职业教育面向智慧农业、数字农业、生态农业等产业化规模化发展趋势，积极主动融入乡村现代产业体系中去，实现专业产业双向赋能，使接受职业教育的农村劳动力获得同乡村产业振兴发展需要相匹配的职业能力。开展农业类专业学历证书和职业技能等级证书等相关学习成果认定、学时积累和学时转化，鼓励农民积极获取职业技能证书，增强职业素养与技能。加大对农民职业教育的支持力度，探索创设农民职业教育基金，拓宽筹资来源渠道。

第三，与时俱进完善农民与农民工培训政策，着力提升培训效果。为了更好适应新发展阶段乡村产业振兴和新型城镇化对劳动力的新要求，要以持续培育、有效提升农民和农民工职业能力为导向，加快高素质农民培训体系建设、开展农民工高质量培训行动。在农民培训方面，要深入分析研究部分受训农民对培训满意度不高的原因，改进培训方式方法、优化培训内容，切实提高培训质量；在培训中注重提高农民的数字化素养，积极指导和帮助农民运用数字技术和数字化管理破解生产经营中的难题；探索制定和实施农业职业雇工培育计划，解决传统农业雇工临时性强、技能水平不高与专业化程度低的问题。在农民工培训方面，要紧密围绕市场急需紧缺职业，大力开展适合农民工就业的技能培训和新职业新业态培训；加强农民工创业培训，鼓励和支持有意愿有条件的农民工参加创办企业、创业实训、经营管理等方面的课程培训，提升市场调研、项目选择、创业规划等方面的能力，以高质量创业培训助力农民工创业成功率的提高。

第三节　收入初次分配制度的优化路径及具体措施

一、优化农民工工资制度的路径与措施

首先，继续完善最低工资制度。最低工资对促进农民工群体增收具有直接影响，是政府保障农民工尤其是低收入农民工劳动报酬权益的重要手段。根据国际惯例，最低工资标准保持在社会平均工资的40%至60%这一区间较为合适。与之相比，当前我国各地最低工资标准普遍偏

低，需要通过对测算方法与调整频率优化等途径逐步提高。在测算方法上，须统一基础数据口径，综合社会平均工资、物价上涨、消费支出等指标健全最低工资标准动态调整机制；对于两年甚至三年才调整一次的地区，要适当加快调整频率，避免最低工资调整过度滞后于经济发展与平均工资增长。当然，最低工资标准的调整也要充分考虑企业的承受能力。为此，应全面评估与权衡最低工资上调可能产生的收入效应、就业效应、企业盈利效应等，规避最低工资标准大幅增加所可能导致的消极影响，实现发挥最低工资制度社会政策功能和经济发展功能的和谐统一（许英杰，2017）。最低工资标准的制定除了因地制宜外，还要考虑行业与劳动技能的差异性，探索试点行业的最低工资标准以及分技能等级的最低工资标准，使最低工资标准更加精细化。另外，为了更好顺应新就业形态（非全日制工作等）的快速发展，亟待加快健全最低小时工资标准，使新就业形态农民工的劳动报酬权益得到更充分保障。在完善制度设计的同时，还需加强与改进对最低工资实施的监管，重点检查用人单位是否有违规增加劳动时间、将津贴补贴等纳入最低工资等规避最低工资的情形，确保制度得到严格落实。

其次，积极推进工资集体协商制度。在"强劳动、弱劳工"的环境下，农民工增强自身在劳动力市场上议价能力的一种可行途径是通过组织化方式与用工单位进行集体协商谈判。所以，要加快推进工资集体协商、完善工资集体协商制度，这是提高农民工劳动报酬的有力抓手。具体而言：一是做好对工资集体协商的政策宣传。使农民工和用人单位充分认识这项工作对构建和谐劳资关系的重要意义，既要增强农民工参与的意识，也要提升企业参与的积极性。二是合理确定工资集体协商的内容。一般情况下，工资集体协商须覆盖工资水平、奖金分配、社会保险、福利补贴等内容，促进劳动报酬正常增长机制的建立健全，使农民工共享企业发展成果。对于部分经常拖欠工资的企业，还应将工资按时足额发放作为协商重点。三是更好发挥工会在工资集体协商中的作用。积极组建农民工工会或在现有工会组织中吸纳农民工加入，引导农民工参与工会建设，通过工会提高其在工资协商中的博弈能力；学习借鉴山东省工会的经验做法，制定协商事项指引和协商流程规范，对工资集体协商加强引导，由此提高农民工参与度和企业认可度。四是将工资集体协商纳入考核评价体系。一方面，将工资集体协商作为地方政府绩效考核的任务目标，倒逼地方政府抓实抓好这项工作；另一方面，探索将开展工资集体协商情况作为劳动关系和谐企业的评选依据，激励企业协调好劳资关系、维护农民工劳动报酬权益。

再次，加快保障农民工同工同酬的制度建设。同工同酬是劳动要素按贡献参与初次分配的体现，也是实现劳动报酬公平分配的前提基础，国家"十四五"规划纲要也明确提出了"保障劳动者同工同酬"的要求。解决劳动力市场上农民工与城镇职工同工不同酬现象的关键，在于加快推进保障农民工同工同酬的制度建设。第一，要在农民工群体中全面实施劳动合同制度。要求用人单位在招录农民工时签订合法合规的书面劳动合同，且劳动合同中必须具备劳动报酬条款，在条款中明确体现同工同酬。在用工季节性强、雇工流动性强的行业与企业，可探索期限较短（如半年以下）的劳动合同，采用简易合同方式。第二，深化用人单位内部的劳动报酬制度改革。对招录的农民工特别是签订中长期合同的农民工实行岗位绩效管理，以岗定人、以岗定薪，淡化农民工的身份。农民工被安排到相应的岗位，就能享受到相应岗位的工资和福利待遇，从而由"什么人拿什么钱"转变为"干什么活拿什么钱"（杨云善，2014）。第三，继续加强农民工工资支付保障制度的建设与落实。进一步完善农民工工资专用账户、工资保证金、实名制管理等相关制度；督促用工单位落实农民工劳动合同条款，对同工同酬落实情况开展定期检查。第四，要积极推进同工同酬的法治化建设。建议相关部门根据《劳动合同法》制定关于同工同酬的相应条例或解释，使同工同酬约束条款更具实际可操作性；加强对农民工同工同酬的监察执法，提高劳动仲裁机构处理同工同酬争议案件的能力。

二、优化农产品价格政策的路径与措施

健全农产品价格政策的基本原则是坚持市场化改革取向与保护农民利益并重。要改变以往价格政策过度强调收入功能、对市场效率重视不足的倾向，就要尽可能减少价格政策对市场机制的扭曲效应，让市场在农产品价格形成中发挥决定性作用。纳入价格政策范围的农产品主要限定在粮食以及棉花、大豆、油料等大宗重要农产品上，要分品种设计有针对性的价格政策，对稻谷和小麦应完善现行的最低收购价政策，对玉米和大豆需优化市场化收购加补贴制度，对棉花要进一步深化目标价格改革。原先由农产品价格政策所担负的收入稳定和收入支持功能，可部分剥离出去转由农业保险、同价格脱钩的收入补贴等政策承担，并加强上述政策的衔接性与协同性，更好发挥惠农富农的合力作用。鉴于玉米、大豆生产者补贴和棉花目标价格补贴均属于转移性收入，故放在作为收入再分配政策的农业补贴政策部分论述其改革对策，下面仅就进一

步完善稻谷和小麦最低收购价政策的思路和措施进行探讨。

稻谷和小麦是最重要的粮食，为了确保口粮绝对安全，在暂时找不到更好的价格政策替代方案时，继续实施最低收购价仍是最优选择。然而，在保留最低收购价政策框架的情况下，需要优化原有的制度设计：一是明确最低收购价的功能定位。要让最低收购价回归到"托底"的本位功能，确保种粮不会发生亏损（但不保证有一定的收益率），适当弱化政策的保增收作用，使政策不启动成为常态。二是增强价格的灵活性和弹性。需根据粮食生产成本、国内外粮食供求形势变化及时调整最低收购价，同时积极引导广大粮农树立最低收购价可升可降的新观念。三是完善最低收购价的差价体系。对同一品种不同品质的粮食设定合理差价，并将质量等级标准较低的粮食排除在收购政策外，向市场释放优粮优价的信号，引导粮农更加重视提高粮食质量；还要调整好稻谷和小麦间、不同品种稻谷与小麦间的最低收购价比价关系，使之趋于合理。另外，要确保将收购资金直接支付给售粮农民，杜绝出现任何欠付、克扣现象。

三、优化农地流转价格机制的路径与措施

第一，提高农地流转的规范化程度，促进流转价格更加规范。针对部分自发分散流转土地农民未签订合同的问题，要加大力度向小农户宣传书面流转合同的优点，增强其法律维权意识，引导转出土地的农户自觉签订正规的流转合同。可以为流转土地的农民提供标准化的土地流转合同范本做参考，指导农民根据实际情况调整合同内容；将土地流转价格作为条款纳入合同中，保护流转双方合法利益，尽可能避免因价格原

因引发的争议纠纷。

第二，积极发展农地流转中介服务，促进市场化流转价格的形成。中介服务在农地流转中具有重要作用，能为农地流转双方搭建桥梁、畅通流转交易过程，较好避免因农地供求不畅可能引发的流转价格混乱现象。要使市场机制在农地流转价格形成中发挥决定性作用，离不开中介服务的功能。所以，各地要加快发展农地流转中介服务组织，培育和扶持土地交易所、土地银行、土地托管公司等多种形式的中介组织，引导它们积极开展对农地流转双方资信评估、租金确定等方面的市场对接，提高市场化农地流转价格形成效率。

第三，推进农地流转信息平台建设，促进形成公平合理的流转价格。农地流转信息不透明不对称会对流转价格的形成带来负面影响，容易导致农地流转定价不公平不合理。为此，地方政府需加快建设区域性的农地流转供求信息平台，逐步建立起省、市、县、乡镇、村五级农地流转信息体系，推广农地流转合同网签机制；通过平台向注册用户免费提供农地流转供给与需求信息，降低农地流转中的信息不对称，促进供需高效精准对接；分类型、分片区向全社会按期（如按季度等）发布农地平均流转价格的信息，使农民更好了解农地流转价格动态变化情况，引导他们对价格形成合理预期。

第四，健全农地流转价格评估体系，提高流转价格科学性水平。构建完善的农地流转价格评估机制，是减少农地流转中定价随意性与不合理性的有效途径之一。地方政府要加快培育专业化水平较强、具有土地流转价评估资质的评估机构，由其出具独立的价格评估报告；评估应当遵循客观公正、随行就市、广泛认可的原则，因地制宜合理选择成本法、收益法、市场法等估价方法。评估价格作为流转双方交易时的参考定价，对农地流转价格起指引作用。

第五，增强政府对农地流转价格的指导与监管能力，减少市场定价失灵。发挥市场在农地流转价格形成中的决定性作用，并不否定政府对价格进行适当干预的必要性与合理性。地方政府要建立健全农地流转指导价格的制定与发布机制，综合考虑农地区位条件、配套基础设施、农产品价格等因素确定流转指导价并向社会公开发布。此外，还要加强对农地流转价格的动态监管，开展流转价格专项调查，及时发现农地流转中涉及价格的不规范不合法问题，切实维护公平有序的市场定价秩序。

第六，探索实行弹性地租，促进利益在流转双方间公平合理分享。为在一定期限内实现承包权主体和经营权主体的权利均衡，地租就必须是弹性地租，需根据外在环境的变化所导致的农地剩余空间的变化进行适当调整（杜姣，2022）。在实践中，当转入农地的经营主体的收益和利润发生非预期重大变化时，政府和村集体可引导转出农地的农民与经营主体召开恳谈协商会，重新商讨确定新的流转价格。另外，还可以探索采用土地出租与入股相结合的办法，使转出农地的农民在获得相对稳定流转租金的同时，也能有机会直接参与分享经营方的利润。

四、优化农村集体经济收益分配制度的路径与措施

首先，做大农村集体经济蛋糕，努力增加集体经济收益。促进农村集体经济发展，提高集体经济创收能力是农民从集体经济中获得更多利益的前提条件。进入新发展阶段后，要着力于发展壮大新型农村集体经济，鼓励新型农村集体经济组织发展特色种养、休闲观光、乡村旅游、

农耕体验等新产业新业态，合理拓展生产经营的范围与内容；深入实施集体经济强村工程，支持村级集体经济整合资源要素，与农业龙头企业开展合作；探索资源发包、物业租赁、居间服务、资产参股等多样化发展模式，提高集体经济的收入水平和服务带动能力；还要鼓励村集体之间以项目合作、委托经营、入股联合等形式，实现强村带弱村、弱村抱团发展，缩小村级集体经济发展差距。

其次，构建农村集体经济发展同农民增收的衔接联动机制。鼓励农民将自己拥有的资源、资产、资金、技术等要素入股到集体经济组织或集体投资的经营主体中去，或者直接参与农村集体经济的生产经营活动（即提供劳动要素），由此形成农村集体与农户个体共同发展、集体增收与农民增收同向而行的"双赢"局面。这一方面有利于盘活资源要素、增强集体经济发展内生动力与能力；另一方面有助于更好发挥集体经济带动农民增收的作用，促进农民收入水平提高。除此之外，农村集体经济组织还可以通过土地托管、订单农业、产品代销、技术帮扶等途径，与农民构建非要素型利益联结模式，支持农民发展现代农业与非农生产经营，间接促进农民降本增收。

再次，在分配农村集体经济收益时处理好积累与分配、集体与个体、公平与效率的关系。在积累与分配方面，要坚持量力而行的分配原则，根据集体经济发展水平和年度经营收益情况合理确定分配比例，严禁举债分配、突击分配，同时建立健全以丰补歉机制；对于集体经济薄弱村，可适当提高用于积累的比例以夯实发展基础。在集体与个体方面，公积金、公益金的提取比例应当适度，在满足集体发展共同需要的前提下，尽可能让集体成员从分红中有更多获得感；对于可分配收益相对较多的集体经济，可适当提高向农户分配的比例。在公平与效率方面，应将经济公平原则放在首位，主要依据所持股份来分配个人收益，做到同股同权、同股同利，防止股权被虚置；与此同时，还要兼顾社会公平，在收益分配中对残疾人、老人、儿童等弱势群体进行适当的倾斜性关照（管洪彦，2022）；另外，为了激励成员为集体经济多作贡献，还有必要引入奖励性分配，利用与绩效挂钩的奖金调动成员的工作积极性。

最后，加强和完善对农村集体经济收益分配的监督管理。强化基层政府对农村集体经济组织收益分配的监督职责，形成长效检查机制，确保收益分配合法规范。健全农村集体经济组织的内部控制机制，防止集体经济收益被内部少数人侵占或控制。定期向集体成员公开财务收支情况，切实保障农民对集体经济收益分配的知情权、表达权和监督权。对集体经济收益分配实行专项审计制度，有条件的可聘请会计师事务所等中介机构对集体经济开展审计并提供财务、法律等方面的服务，推动集体经济收益分配走上制度化、规范化的轨道。

五、优化农业产业化经营利益分配机制的路径与措施

第一，增强农业产业化经营的利益创造能力。利益创造是吸引农民参与农业产业化经营的根本动力，也是农民从农业产业化中分享更多收益的前提条件。为此，要坚持以科技创新驱动现代农业高质量发展，促进新技术在农业全产业链中的推广运用，提高科技进步对农业及相关产业发展的贡献度，依托科技创新提升农业附加值，为农业产业化经营各利益相关方分配获得更多收益提供坚实基础。农业龙头企业、农民合作社等新型经营主体在农业产业化经营利益创造过程中发挥着主导作用，所以要支持龙头企业创新发展、做大做强，着力培育和壮大农民合作社，不断增强新型经营主体的价值创造能力。另外，还要强化品牌建设，走品牌强农富农之路，通过打造品牌促进产品和服务的增值。

第二，提高新型农业经营主体在农业产业化中的联农带农水平。农民从农业产业化经营中获得的经济收益，不仅表现为直接的要素收入，还体现为在新型经营主体带动下通过降本增效分享更多收益。为此，要大力完善农业产业化经营的带农惠农机制，增强农业龙头企业、农民合作社联农带农的能力，相应的对策措施包括：一是促进设备共享。运用财政补贴等政策手段，鼓励新型经营主体将自家农机设备以廉价租赁或低价服务收费等方式提供给周边农户共享，使农户能以较低价格使用自己买不起或自购不划算的设备。二是推进渠道共用。引导新型经营主体将农户纳入自己的采购或销售渠道，帮助农户降低农资成本、促进产品销售。三是优化服务提供。引导新型经营主体紧密围绕农户农业生产的产前、产中与产后需求，提供专业化的生产性服务，促进农户农业经营降本增效、低碳绿色。四是深化生产协作。支持新型经营主体往打造农业全产业链方向发展，增强其带动农户从事现代农业生产的能力，推动统一服务与分户种养有机结合以发挥双层经营体制优势，使农户在家庭经营方式下充分享受分工协作、统一服务带来的红利。

第三，积极发展股份合作型利益联结机制。农民能从农业产业化经营中获得什么样的利益、获得多少利益，很大程度上取决于农民与其他经营主体的利益联结方式及紧密程度。我国农业产业化经营的常见利益联结形式主要包括市场买断式、契约合同式、合同合作式、企业化联结式、股份合作式，这五种不同的利益联结形式呈现出从低到高的层次差异，参与者之间的关系从松散向紧密转化（唐润芝，2021）。在股份合作型利益联结中，农民经由产权这一纽带与其他经营主体形成经济联系，凭借产权对农业产业化经营成果拥有了分配权。因此，与其他利益联结形式相比，股份合作型利益联结更加稳固与紧密，有助于农民与其他经营主体间形成"你中有我、我中有你"的利益共同体。所以，要鼓励农民以股份合作方式同龙头企业、合作社等构建利益联结机制，利用股份合作灵活性帮助农户"扬"资源资产等禀赋优势的"长"，"避"资金技术禀赋弱势的"短"，为农民创造更多收益空间（钟真等，2021），使农民更好分享全产业链的增值收益。

第四，健全农业产业化经营中的利益约束机制。在农业产业化合作经营中，农民特别是小农户相比龙头企业、合作社等新型经营主体通常处于弱势地位，如果缺乏相应的利益约束和监督机制，就可能形成偏向新型经营主体的不公平利益分配格局，造成农民的正当经济利益受到损失。对此，首先要引导农民与新型经营主体根据《合同法》等相关法律法规签订契约合同，规范与完善合同中涉及收益分配的条款和责任，为科学合理的利益分配提供法律保证；其次，政府和第三方机构要加强对契约合同的监管，杜绝霸王条款的出现，督促各方履行合同责任，对利益分配履约情况开展抽查与评估；最后，建立健全违约处罚机制，适当提高违约金赔偿额度、对失信主体在一定范围内曝光信息，以此增加违约成本。

第四节　收入再分配制度的优化路径及具体措施

一、优化农民养老保障制度的路径与措施

完善农民养老保障制度是增加农村老年人群收入，使其更好地共享经济发展成果的重要举措。进入新发展阶段，农民的养老保障体系建设要将社会养老保险作为重点，坚持采取社会统筹与个人账户相结合的模式，以约束有效、筹资权责清晰、保障水平适度为目标（华迎放、郭婕，2020）深化基本养老保险改革；此外，还需适时推进城乡间基本养老保险制度的深度整合，逐渐缩小城乡居民的养老保障水平差距。

首先，逐步提高基础养老金标准。目前，我国城乡居民基本养老保险的基础养老金水平过低，且调整步伐相比城镇职工基本养老保险明显偏慢，广大农民对提高基础养老金水平的需求十分迫切。为此，须建立健全基础养老金的动态调整机制，根据经济发展和物价变动情况，适时上调基础养老金的标准，使参保的老年农民更好共享经济发展成果。在实际操作中，基础养老金标准调整幅度的确定，可综合参考 GDP 增长、居民人均可支配收入增长、财政收入增长、物价指数等因素。从长期来看，基础养老金标准需调整至不低于城乡居民低保标准为宜。基础养老金标准的制定应坚持国家与地方相结合的原则，由中央确定最低标准线，而各省区市根据自身情况可上调标准。其中，国家标准部分由中央财政负担，各地超过国家标准的部分则由地方财政承担。

其次，优化养老保障给付机制和待遇结构。随着农村老龄化进程的

推进，老年人口间的收入差距问题将变得更加突出，在此背景下，需完善养老保障给付的制度设计，增强养老保障调节老年人收入差距的作用。一是协调好基础养老金与个人账户养老金间的比例关系，确保基础养老金在基本养老金中占有一定比例；二是健全针对经济困难的农村老年人口的生活补助制度，增强兜底保障力度；三是适时探索将超过一定水平的公共养老金纳入个人所得税征税范围。另外，有必要调整优化农村养老保障的待遇结构，除了养老金外还需重点加强高龄津贴等老年福利项目。今后一段时期，农村老年福利体系建设应以保障中低收入老年人基本需求为主，以满足高收入老年人个性化需求为辅。

再次，完善养老保障缴费与筹资机制。强化农民个人的缴费意识与责任，以激励多缴多得、长缴多得为目标导向，进一步优化城乡居民基本养老保险缴费的制度设计。可适当提高最低缴费档次标准，鼓励农民随着收入水平提高而逐步提升缴费等级；对缴费超过 15 年的给予加发基础养老金的优惠待遇，促使农民自觉连续缴费，做大做实个人养老金账户。利用财政资金或农村集体收益对低收入农户的个人缴费给予补贴，提高低收入农民的参保率、减轻低收入农民参保的缴费负担。适当提高养老保障筹资中财政投入比重，形成合理的养老保障财政投入机制，同时划转部分国有资本收益充实养老保险基金，推动养老保障财政投入重点向欠发达农村地区和农村低收入群体倾斜。鼓励有条件的农村集体经济组织划拨一定比例的收益补贴城乡居民基本养老保险，实现集体经济发展、收益分配和养老保障的有机统一，通过集体经济反哺组织成员来提高农民养老保险待遇水平。

最后，适时进一步推进养老保险的制度整合与衔接。我国已经建立了城乡统一的居民基本养老保险制度，但城乡居民基本养老保险和城镇职工基本养老保险目前仍处于分立并行状态，两种制度在缴费方式与待遇水平方面存在较大差异。从长期发展趋势来看，随着城镇化推进和农村劳动力转移就业，城乡居民基本养老保险的参保人员将逐步减少；另外，城乡居民基本养老保险待遇水平加快提高，同城镇职工基本养老保险待遇水平的差距趋于缩小。上述两方面因素使城乡居民基本养老保险和城镇职工基本养老保险两项制度融合的条件逐步具备。展望未来，为了更好适应劳动力城乡流动、增进城乡居民养老保险待遇公平性，可从统一基础养老金待遇切入，研究制定建立统一规范的城乡养老保险制度的方案。

二、优化农民医疗保障制度的路径与措施

第一，对城乡居民基本医保逐步提高筹资标准并巩固提升待遇水平。为了更好适应医疗费用增长和基本医疗需求提升，确保参保农民的医保权益，有必要随着经济发展逐步提高城乡居民基本医疗保险的筹资标准，探索建立基本医保筹资标准与城乡居民人均收入相挂钩的动态筹资机制。中央与地方财政应继续加大对农民参保缴费的补助力度，对中西部地区采用比东部地区更高的补助比例。根据"尽力而为、量力而行"原则，稳步提升医保的待遇水平，统筹发挥基本医保同大病医保、医疗救助的综合保障效能。

第二，完善相对贫困农民参加基本医保的缴费减免优惠机制。进一步明确享受城乡居民基本医保减免费的对象范围，并对减免标准做合理化调整。从现行城乡居民基本医保政策来看，各地大多规定对一些弱势

群体的缴费给予补助，但在具体范围界定上有一定差异，补助标准也较为模糊。基于相对贫困治理目标，应将城乡低保对象、特困供养人员、家庭人均收入略高于低保标准的相对贫困人口全部作为减免费对象，根据经济困难程度采用全部减免或部分减免方式，减免的缴费由政府出资补缴。

第三，构建向低收入农民倾斜的医疗保障补偿机制。对于家庭人均收入低于一定水平的低收入农户，在医疗保险的起付线、报销比例等参数设置上可采取差异化的政策。比照一般标准，起付线可适当降低，而报销比例则应加以调高，由此进一步减轻低收入患者的自费医疗负担。还可考虑为低收入农户专门设置医疗自付费用封顶线，对于超过自付费用封顶线但不超过最高报销限额的部分全部由医保基金支付，这样就能较好避免低收入患者因高额医疗费而使经济困难加剧。

第四，合理扩大医保报销范围，使医保服务供给更好匹配参保者实际需求。目前，我国基本医疗保险的名义报销比例已经达到较高水平，但因纳入报销范围的药品和诊疗项目相对有限，导致实际报销比例和名义报销比例仍有较大差距。随着经济发展与医疗水平提高，需要进一步健全医保目录的动态调整机制。在考虑医保基金承受能力的基础上，应逐步在医保目录中增加临床需求量较大、价格适中的新药品及诊疗项目；同时严格控制高端药、特殊治疗与保健性诊疗项目的进入，使医保目录更有利于提高中低收入患者的实际补偿率。

第五，促进医保服务高质量发展，让参保农民享受到更有温度的医保服务。除了待遇高低外，服务质量也是影响农民对医保满意度的一个重要因素。为此，要积极开展医保政务服务的标准化规范化建设，将基本医保参保管理经办规则落实到位，以内部规范标准管理提升基本医保经办服务质量和效率（褚雷，2022）；坚持线上与线下相结合的模式，推进参保人员参保登记、申报缴费、信息查询等事项"一次不用跑"，提高医保服务的便利化水平；构建地区间基本医保信息共享网络，使异地就医结算报销更加方便。

三、优化农民工失业保障制度的路径与措施

首先，在统一农民工和城镇职工失业保险的同时，充分考虑农民工就业特殊性优化政策设计。近年来，不少地区加快推进农民工失业保险与城镇职工失业保险的整合，促进两大劳动者群体在失业保险方面享受同等待遇，这一改革方向值得肯定。然而，鉴于农民工的就业具有一些不同于城镇居民的现实特点（如流动性高、合同签订率低、工资水平低等），在构建城乡统一失业保险制度的过程中，有必要考虑农民工群体就业的特殊性，引入一些差异化的设计方案，给予农民工适当的政策优惠，合理放宽其参加保险与获得待遇的制度门槛。一是进一步扩大失业保险的保障范围，将参保时间不足一年的失业农民工也纳入常住地的保障范围，向其发放一次性的失业补助，金额不低于当地城市最低生活保障标准。二是对因特殊情况未能连续缴纳失业保险费的农民工群体，探索实行分阶段累计缴费政策。三是为农民工设置更加灵活的失业保险缴费率，如提供2到3个费率档次，供农民工结合自身经济状况选择。

其次，增强失业保险促进农民工就业的功能。失业保障制度建设的国际经验表明，良好的失业保障体系应当致力于收入保障与促进就业协调并重。西方发达国家通常采取规定领取失业金资格条件、保持适度的

失业保险金水平、限定失业保险金领取期限、将部分失业保险金用于促进再就业等方式，实现收入保障与促进就业并举的政策目标。目前，我国失业保障在促进农民工就业方面的功能还比较薄弱，需要借鉴国外有益经验加以完善。为此，要围绕实现更充分、更高质量就业要求，实施积极的失业保险政策，更好发挥失业保险在促进农民工就业中的作用，可行举措包括：提高失业保险用于农民工就业服务和技能培训的比例，弥补农民工在劳动力市场上的信息劣势，促进农民工人力资本和就业能力的提升；对无正当理由拒绝参加培训或介绍工作的失业农民工暂停发放失业保险金；根据再就业的速度发放有梯度的再就业补贴，鼓励失业农民工积极寻找工作。

最后，健全农民工失业救助体系，兜底保障失业农民工的基本生活。失业救助作为"兜底"措施，主要在失业保险待遇领取期限满后还未找到工作以及遇到法律纠纷等自己无法解决问题时发挥作用，通过失业救助得到援助（申莹，2019）。对于因各种原因未参加失业保险且未纳入低保范围的失业农民工，可由务工地或常住地政府发放一次性的临时救助金，帮助其在失业期间渡过生活难关。另外，还要为失业农民工劳动仲裁积极提供法律援助，面向失业农民工开辟法律援助"绿色通道"。

四、优化农民最低生活保障制度的路径与措施

第一，适当提高农村最低生活保障标准并健全其调整机制。为了巩固拓展脱贫攻坚成果同乡村振兴有效衔接，兜住兜好农村困难群众基本生活底线，有必要适时提高农村最低生活保障标准。对于患有长期性重

大疾病、重度残疾、超高龄老人等有特殊困难和额外支出需求的受助对象，可考虑在一般标准基础上再酌情提高补助额。随着经济增长与居民收入水平提高，各地还要结合物价水平等因素，及时合理地提高低保标准，实现低保标准与居民基本生活费用价格指数的联动，使低保标准增幅同步或略微高于当地人均收入增幅、促进居民收入差距逐步缩小。

第二，完善农村最低生活保障的瞄准机制。要健全低保对象经济状况核对机制，有针对性地使用好信息核查、入户调查、信函索证、邻里走访等多种审查方式。加快低保管理信息系统的建设与推广运用，促进相关职能部门间的信息共享，提高核对的可靠性、精准度和效率。进一步规范低保的申请与审查程序并加强管理、严格执行，做到程序公平、公正、公开，尽可能弱化审查中主观因素、人情因素的影响；要探索建立低保对象的主动发现机制，力求使符合条件但未自己申请救助的人员也能及时获得救助，减少应保未保现象。

第三，避免农村低保"兜底不足"与"保障过度"两种现象。一方面，针对部分地区因地方财力拮据而导致低保水平偏低、兜底保障能力不足的问题，中央与省级政府应加大统筹协调力度，增加对财政困难地区的专项转移支付，缓解市县政府低保资金短缺的压力。另一方面，对于部分经济发展水平高、地方财力雄厚的大城市，则要防止低保标准定得过高、导致过度保障的现象。低保标准应当同最低工资标准拉开一定差距，以避免造成对效率的向负激励。

第四，通过制度创新使农村低保政策发挥劳动激励效应。应根据农村低收入人口有无劳动能力，对不同的低保对象分类施策。具体而言，对于丧失或基本失去劳动能力者，以全额保障为主。对于有劳动能力者，要求其在享受低保期间积极参加生产经营、技能培训和寻找工作，否则扣发救助金；在给付方式上实行差额补助，为了避免劳动收入上升后低保金等额减少对劳动的负激励，需建立健全收入豁免制度——低于豁免标准的劳动收入不用于扣减低保金，高于豁免标准的劳动收入则按递增比例扣减低保金。

第五，推进最低生活保障制度的城乡统筹发展。从长远看，加快城乡低保制度的统筹，既是深化户籍制度改革的内在要求，也是弱化社会保障城乡二元结构的重要举措。从近年来各地实践做法与经验来看，统筹城乡低保制度的基本方向是推动农村向城市靠拢。但需要指出的是，整合与统筹城乡低保制度，不能简单认为就是实行城乡统一的低保标准。在城乡发展差距较小的地区，可直接实现低保标准的城乡并轨；但在城乡发展差距较明显的地区，理应根据农村实际收入和生活水平制定低保标准，采取渐进方式逐步提高标准、缩小城乡低保差距。另外，鉴于提高农村低保标准可能会加大欠发达地区的财政压力，还有必要通过完善转移支付政策对财力困难地区给予必要的支持。

五、优化农业补贴政策的路径与措施

从农民增收角度看，优化农业补贴政策的首要举措是保持农业补贴规模稳定持续增长。对农业生产者进行补贴是世界通行做法，农业补贴是许多国家农民收入的重要来源。就欧美发达国家来看，农业补贴在最高时曾经一度占到农民收入的近40%，尽管后来大幅降低但目前仍稳定在10%左右。与之相比，我国农业补贴占农民收入的比重偏低，且近年来还趋于下降，带动农民增收的效应有所减弱。随着我国农业进入到高成本发展阶段，理应扩大农业补贴的总量水平。为此，要围绕促进农民增收和提高现代农业竞争力的目标，适当加大农业补贴的力度、扩大农业补贴的覆盖面，合理提高农业补贴占农民收入的比重。主要举措包括建立健全农业支持保护补贴标准的弹性调整机制、将更多科技含量高且适用性强的农机装备适时纳入农机具购置补贴目录等。

与此同时，还应处理好农业补贴中农民内部的利益分配关系。一方面，要调整农业补贴的区域分配结构。农业补贴可以适当向自然条件较恶劣、地理位置较偏远的欠发达地区倾斜。其原因在于，这类地区的农业生产成本往往更高且农民收入相对较低，在这类地区增加对农民的农业补贴，能更好起到保障农民收入与农业生产的作用。另一方面，要确保小农户切实受惠于农业补贴，防止小农户在农业补贴政策实施中受到排挤。在小农户群体中积极做好农业补贴政策的宣传，避免小农户因为不知晓相关政策而漏领补贴；简化申请补贴的流程手续，提高小农户领取补贴的便利程度；健全针对小农户的农业补贴政策，完善小农户生产技术装备补贴机制，鼓励各地实行小农户土地托管费用补贴。

总　结

在本书的最后一部分，将前面五章的核心理论观点、重要分析结论与主要对策建议进行简要的总结归纳。

核心理论观点：

1. 收入分配是农民共享经济发展成果的重要途径。收入分配环节农民共享经济发展成果的核心问题是收入分配关系，包括农民与其他经济主体间的收入分配关系、农民内部即不同农民群体间的收入分配关系两个层次。农民在收入分配环节共享经济发展成果，需要遵循共建共享、全体共享、合理共享、渐进共享、创新共享等基本原则。

2. 农民在收入分配环节共享经济发展成果，同时依赖于一定的内部条件和外部条件。内部条件指农民参与经济活动的主观愿望和积极性、农民劳动素质及拥有土地和资金等生产要素的客观状况两方面内容；外部条件包括经济增长、经济结构、城镇化与工业化模式、农业现代化模式、收入分配制度以及其他对农民收入分配有间接影响的各种制度和政策。内部和外部两种条件缺一不可、彼此关联，其中，外部条件通过内部条件发挥作用效果。

3. 制度因素对农民在收入分配环节共享经济发展成果有重要影响。

作者构建的制度因素嵌入"生产条件-分配过程"理论分析框架表明，影响农民在收入分配环节共享经济发展成果的制度因素可归为生产条件制度、收入分配制度两大类。其中，生产条件由资源、机会和能力三因素构成，收入分配包括收入初次分配和收入再分配。各种生产条件制度与收入分配制度在影响农民整体收入水平的同时，也影响到农民与其他经济主体间收入分配关系以及农民内部收入分配格局。

4. 同农民收入相关程度较高的生产条件制度主要包括：农村公共产品与服务供给制度、城乡就业制度、城乡人口流动管理制度、农村集体产权制度、农村金融制度、涉农教育和培训制度。与农民关系密切且对其收入影响较大的是收入分配制度，在初次分配阶段主要有农民工工资制度、农产品价格政策、农地流转价格机制、农村集体经济收益分配制度、农业产业化经营利益分配机制等；在再分配阶段主要包括农民养老保障制度、农民医疗保障制度、农民工失业保障制度、农民最低生活保障制度、农业补贴政策等。

重要分析结论：

1. 改革开放以来我国农民收入增长的历史轨迹显示，农民增收在不同阶段表现出不同的态势。2010 年以来，农民增收与经济增长间的关系趋于协调，农民较好地分享了经济发展所带来的成果。

2. 我国农民与其他经济主体间的收入分配状况呈现出如下特点：在农民与政府间收入分配方面，来自政府的转移净收入占农民初次分配收入比重有所上升，农民与政府间收入分配对农民增收的影响程度趋于提高，但农民在土地增值收益分配中分享的份额仍偏低；在农民与企业间收入分配方面，农民工劳动报酬总额占行业增加值比重存在较大的行业间差距，近十多年来各行业农民工劳动报酬占比的变化，是农民工工资水平、农民工就业规模、行业增加值三因素变动共同作用的结果；在农民与城镇居民间的收入分配方面，农村居民在收入分配环节共享经济发展成果的程度低于城镇居民，但近年来两者差距正趋于缩小。

3. 我国农民内部不同群体间的收入分配格局呈现出如下特点：收入等级越低的农民群体，在通过收入分配共享经济发展成果的结果上越处于不利地位，且这种不利地位还在趋于强化；不同生计方式的农民群体间存在一定的收入差距，人均收入从高到低依次为生产经营为主户、资产运营为主户、受雇务工为主户、接受补助为主户；另外，不同地区农民之间的收入水平也有较大差距。

4. 我国已初步构建起能使农民在收入分配环节较好共享经济发展成果的制度体系，随着制度体系的不断完善，农民通过收入分配共享经济发展成果的水平总体上趋于提高。但与此同时，也要看到就收入分配环节而言，目前农民共享经济发展成果依然不够充分，一些制度安排还存在不合理不公平之处，有待进一步的改革完善。

5. 当前生产条件制度方面不利于农民共享经济发展成果的问题主要表现为：农村公共产品与服务供给不完善，农村劳动力在城市就业仍遭受一定范围内的隐性歧视，农业转移人口市民化相对滞后，制约进城农民经济社会权益的实现，农地产权与农村集体经营性资产产权的部分权能受限，农村金融资源供给不足导致农户融资较为困难，一些涉农教育和培训提升农民人力资本的效果还不够显著。

6. 当前收入初次分配制度方面不利于农民共享经济发展成果的问

题主要表现为：最低工资标准增长滞后于平均工资，农地流转价格机制还不够健全，农村集体经济收益向农户分配的比例有所降低且未能充分落实按股分配，农民在农业产业化经营中处于弱势地位、共享产业化经营成果不充分。

7. 当前收入再分配制度方面不利于农民共享经济发展成果的问题主要表现为：城乡居民社会保障制度尚未完全一体化，社会保障转移性支出呈累退性，进而对农民收入差距产生逆调节，社会保障转移性收入扩大了城乡居民收入差距，低收入户从农村社会保障体系中获益偏少，农业直接补贴促进农民增收的作用趋于减弱且调节农民内部收入差距效果不佳。

主要对策建议：

1. 进入新发展阶段，要以促进农民增收、实现农民共同富裕为导向，进一步建立健全有利于农民在收入分配环节更好分享经济发展成果的制度安排。基本思路是：坚持以系统观念推进制度优化，强化以人民为中心的制度导向，实施乡村振兴夯实共享基础，在城乡融合发展中促进共享，健全利益均衡调节保障机制。

2. 生产条件制度的优化路径为：第一，在农村公共产品和服务供给机制方面，要优化农村公共产品与服务的供给决策机制，推动农村公共产品与服务多元化投入机制创新，补齐农村公共产品与服务供给的若干短板，加快城乡公共产品与服务制度的统筹。第二，在城乡就业制度方面，要推动城乡统一的就业制度更加健全，并从社会保险、住房保障、城镇规划等方面推进相关的配套改革。第三，在城乡人口流动管理制度方面，要进一步放宽农业转移人口的落户条件，完善对非户籍常住农业转移人口的公共服务，健全农业转移人口市民化的配套制度。第四，在农村集体产权制度方面，要赋予广大农民更加充分的财产权益，继续深化农地产权制度改革与农村集体经营性资产产权制度。第五，在农村金融制度方面，要建立健全抑制农村资金外流的农村金融制度安排，通过深化金融制度创新提高农民融资的可得性。第六，在涉农教育和培训制度方面，要进一步提升农村义务教育质量水平，构建现代农民职业教育制度，着力提升农民与农民工培训政策的实际效果。

3. 收入初次分配制度的优化路径为：第一，在农民工工资制度方面，要完善最低工资制度，积极推进工资集体协商制度，加快保障农民工同工同酬的制度建设。第二，在农产品价格政策方面，要尽可能减少价格政策对市场机制的扭曲效应，优化粮食最低收购价政策。第三，在农地流转价格机制方面，要提高农地流转的规范化程度，发展农地流转中介服务，推进农地流转信息平台建设，健全农地流转价格评估体系，增强政府对农地流转价格的指导与监管能力，探索实行弹性地租。第四，在农村集体经济收益分配制度方面，要做大农村集体经济蛋糕、增加集体经济收益，构建农村集体经济发展同农民增收的衔接联动机制，处理好收益分配中的积累与分配、集体与个体、公平与效率间关系，加强和完善对农村集体经济收益分配的监督管理。第五，在农业产业化经营利益分配机制方面，要增强农业产业化经营的利益创造能力，提高新型农业经营主体在农业产业化中的联农带农水平，积极发展股份合作型利益联结机制，健全农业产业化经营中的利益约束机制。

4. 收入再分配制度的优化路径为：第一，在农民养老保障制度方面，要逐步提高基础养老金标准，优化养老保障给付机制和待遇结构，完善养老保障缴费与筹资机制，适时推进养老保险的制度整合与衔接。第二，在农民医疗保障制度方面，要逐步提高城乡居民基本医保筹资标准并巩固提升待遇水平，完善相对贫困农民参加基本医保的缴费减免优惠机制，构建向低收入农民倾斜的医疗保障补偿机制，合理扩大医保报销范围，促进医保服务高质量发展。第三，在农民工失业保障制度方面，要充分考虑农民工就业特殊性优化政策设计，增强失业保险促进农民工就业的功能，健全农民工失业救助体系。第四，在农民最低生活保障制度方面，要适当提高标准并健全调整机制，完善低保瞄准机制，避免低保"兜底不足"与"保障过度"两种现象，通过制度创新使农村低保政策发挥劳动激励效应，还要推进低保制度的城乡统筹发展。第五，在农业补贴政策方面，要保持农业补贴规模稳定持续增长，并处理好农业补贴中农民内部的利益分配关系。

附录

前期相关研究成果摘要

1. 潘文轩：《共同富裕目标下政府转移支付"造血"功能的实现》，《郑州大学学报（哲学社会科学版）》2022 年第 3 期

政府转移支付对共同富裕的作用受到其"造血"功能的影响。接受转移支付的低收入群体和欠发达地区政府的自我发展，既是理解转移支付"造血"功能的枢纽，也是衔接转移支付"造血"功能与共同富裕的桥梁。具有良好"造血"功能的政府转移支付，可从激励发展动力、提升发展能力两方面推动低收入群体和欠发达地区政府的自我发展。实现共同富裕要求进一步增强我国政府转移支付的"造血"功能，为此，要以促进受助对象自我发展为目标导向，在协调好公平与效率关系的基础上，进一步完善对低收入群体和欠发达地区的转移支付制度，使转移支付"输血"和"造血"两大功能协同发力助推共同富裕。

（本文被人大复印报刊资料《财政与税务》2022 年第 12 期转载）

2. 潘文轩：《农业生产"三品一标"促进农民增收的作用机理及实现策略》，《中州学刊》2022 年第 1 期

农民农业生产质量效益较低，是导致其农业经营增收乏力的重要原因。农业生产"三品一标"对提高农民的农业经营质量效益有积极作用，有助于破解生产成本高企、同质化低价竞争、分享全产业链增值收益不足、生产经营风险高的困局。实施农业生产"三品一标"促进农民增收，会遇到小农户较难直接对接"三品一标"行动且与"三品一标"的要求不够适应、规模农户投资"三品一标"的成本压力和收益风险较大、农产品"优质不优价"等难点问题。为此，要构建小农户与农业生产"三品一标"的有效衔接机制，适应农业生产"三品一标"的要求提升小农户发展能力，降低规模农户投资"三品一标"的成本压力和收益风险，建立健全农产品优质优价的良性机制。

3. 潘文轩：《"后脱贫时代"反贫困体系城乡一体化的前瞻性研究》，《经济体制改革》2021 年第 2 期

随着贫困人口的城乡分布变化及城乡间转移常态化，反贫困体系亟待从城乡分立转向城乡一体化。"后脱贫时代"反贫困体系城乡一体化的目标任务包括：制定相对统一的城乡贫困标准，开展城乡一体化的贫困监测，设立统一的城乡反贫困管理机构，形成城乡一体化的反贫困政策，统筹利用城乡反贫困资源。实现反贫困体系城乡一体化应具备的前提条件为：住户调查、户籍制度、公共服务和社会保障城乡一体化，资源要素在城乡间自由流动与平等交换，城乡发展差距缩小到一定程度。与此对照，目前已具备了一些基础但尚不成熟。因此，反贫困体系城乡一体化建设宜采取渐进式策略，分阶段有序推进实施各项任务，并从农业转移人口市民化、城乡基本公共服务共享、城乡间要素自由流动与平等交换、城乡社会协同治理等方面加强配套改革。

4. 潘文轩：《构建扎实推动共同富裕的有效机制》，《学习时报》2020 年 12 月 30 日

要实现 2035 年远景目标，必须坚持和践行共享发展理念，在扎实推动共同富裕方面采取更有力的措施、作出更有效的制度安排。为此，要在做大"蛋糕"基础上分好"蛋糕"，依托乡村振兴和区域协调发展扎实推动共同富裕，按共同富裕要求健全公平合理的分配制度；以此促进社会公平、增进民生福祉，增强人民群众的获得感与幸福感，不断实现人民对美好生活的向往。

（本文被《学习强国》2022 年 12 月 30 日转载）

5. 潘文轩：《在新时代下实现更加公平合理的收入分配——习近平收入分配思想探析》，《经济学家》2018 年第 10 期

习近平收入分配思想是中国共产党关于收入分配的最新理论创新成果，可以从时代意蕴、价值遵循、目标指向、实践路径、辩证思维五个相互联系的方面来把握这一思想体系：时代意蕴体现在对新时代中国收入分配重大问题的回应上；价值遵循表现为收入分配坚持以人民为中心、坚持共享发展新理念；目标指向包括缩小收入差距、优化分配格局和实现共同富裕；实践路径的主要内容是通过有效的制度安排促进公平合理分配；辩证思维集中体现为在收入分配领域抓主要矛盾，重视全面性、关联性和渐进性。习近平收入分配思想对我国新时代收入分配领域的改革实践有十分重要的指导意义。

6. 潘文轩：《论"量力而行"改善民生与实现可持续共享发展》，《内蒙古社会科学》2018 年第 6 期

"量力而行"改善民生是实现可持续共享发展的前提和路径，要求在收入分配、社会保障、公共服务三大领域协调好共享与发展之间的关系。生产与分配关系理论、消费与积累合理比例理论和适度宏观税负理论为"量力而行"改善民生提供了理论依据。我国的基本国情与国内外民生领域的实践表明，只有"量力而行"地改善民生才能使共享发展具有可持续性。通过"量力而行"改善民生促进可持续共享发展的基本思路为：构建共享与发展的良性互动循环机制，协调好量力而行与尽力而为之间的关系，优化社会保障和公共服务的结构，通过制度创新提高民生建设的效率，以区域财政能力均等化为目标改革政府间财政关系。

7. 潘文轩：《医疗保障的反贫困作用与机制设计》，《西北人口》2018 年第 4 期

医疗保障是反贫困的一项重要制度安排，在当前全力实施脱贫攻坚和大力推进健康扶贫的背景下，医疗保障改革应更重视反贫困目标导向。基于家庭人均相对收入函数的数理分析，从收入与支出两个维度揭示了医疗保障反贫困的作用路径、机制与效果，论证了医疗保障有助于降低贫困率与减轻贫困度。同时还说明，医疗保障结构、医疗保险缴费、医疗保险待遇、医疗救助条件等医保制度要素，以及医疗服务供给、医疗服务需求价格弹性、疾病康复特点等外部因素，均会影响医疗保障反贫困的作用效果。优化我国医疗保障反贫困机制设计的要点为：完善贫困群体的医疗保险缴费减免机制，调整优化医疗保险的补偿及支付机制，积极发展与努力健全非缴费型医疗保障，以系统性思维推进医疗保障反贫困制度建设。

8. 潘文轩、王付敏：《改革开放后农民收入增长的结构性特征及启示》，《西北农林科技大学学报（社会科学版）》2018 年第 3 期

改革开放后，我国农民收入增长结构的变化表现在收入来源、收入阶层及区域三个维度。在收入来源方面，工资性收入稳定快速增长，进而逐渐取代经营性收入成为对增收贡献度最大的收入来源；在收入阶层方面，低收入户和中等偏下户收入增长偏慢，低收入户与高收入户的增收动力结构差异明显；在区域方面，各地农民增收动力结构呈现出不同模式，收入增速地区差距较大并由此影响到区域收入不平等的变动。我国农民收入增长结构性特征的形成，是城市化与工业化、农业发展方式、农民自身禀赋、"三农"政策、区域发展格局等因素综合作用的结果。通过对农民收入增长的结构性分析，既能总结农民增收的规律与经验，也揭示出农民增收中存在的财产性收入贡献度低、分配公平性不足等问题和矛盾。今后需适应经济新常态的变化，着力增强农民增收的可持续性与公平性。

9. 潘文轩：《养老保障调节居民收入差距的作用效果及其实现路径——基于发达国家实践的研究》，《社会科学》2017 年第 9 期

养老保障是调节居民收入差距的一项重要再分配政策，它通过代际与代内再分配效应，能起到减少收入不平等的作用。发达国家的公共养老保障较为有效地降低了基尼系数与贫困率，从实践来看，发达国家运用养老保障缩小收入差距的主要路径包括：设立非缴费型养老保障、社会养老保险保持较高统筹层次、减免低收入群体社会养老保险费、公共养老金采用均等化定额给付方式、养老救助金采用补差式给付模式、第一支柱养老金采用阶梯式递减替代率、设置第一支柱养老金给付额上限、建立第一支柱养老金最低给付保障机制、对公共养老金收入公平课征个人所得税等。我国需要合理借鉴发达国家的相关经验，更好发挥养老保障调节居民收入差距的功能。

（本文获上海市社会科学界第十五届学术年会优秀论文奖）

主要参考文献

一、中文文献

[1]［印度］阿玛蒂亚·森. 以自由看待发展［M］. 任赜，于真，译，北京：中国人民大学出版社，2002.

[2] 陈雨露，马勇. 中国农村金融论纲［M］. 北京：中国金融出版社，2010.

[3] 黄朝明. 征地收益分配研究［M］. 北京：中国农业科学技术出版社，2008.

[4] 李扬. 财政补贴经济分析［M］. 上海：上海三联书店，1990.

[5] 吕健. 共享发展的社会主义政治经济学［M］. 上海：复旦大学出版社，2016.

[6] 裴长洪，王震，孙婧芳. 中国基本分配制度［M］. 北京：中国社会科学出版社，2016.

[7] 严瑞珍. 中国工农业产品价格剪刀差［M］. 北京：中国人民大学出版社，1988.

[8] 张安录. 征地补偿费分配制度研究［M］. 北京：科学出版社，2010.

176

［9］白雪梅，李莹．教育对中国居民收入的影响分析——基于分位数回归和收入分布的考察［J］．财经问题研究，2014，365（4）．

［10］曹嘉伟．基于马克思主义公正观的共享发展理念［J］．人民论坛，2019，643（25）．

［11］陈享光．从生产条件分配看我国收入分配的差距及调节政策［J］．学习与探索，2011，192（1）．

［12］陈银娥，刑乃千，师文明．农村基础设施投资对农民收入的影响——基于动态面板数据模型的经验研究［J］．中南财经政法大学学报，2012，190（1）．

［13］程名望，贾晓佳，俞宁．农村劳动力转移对中国经济增长的贡献（1978—2015 年）：模型与实证［J］．管理世界，2018，34（10）．

［14］程中培．城乡低保制度瞄准效率评估［J］．学习与实践，2020，436（6）．

［15］褚雷．城乡居民医保整合背景下农民医保服务的改善及其优化策略研究［J］．理论学刊，2022，301（3）．

［16］高海，朱婷．农村集体经济组织收益分配的特别性与规则完善［J］．南京农业大学学报（社会科学版），2022，22（4）．

［17］高梦滔，和云．妇女教育对农户收入与收入差距的影响：山西的经验证据［J］．世界经济，2006（7）．

［18］高强，孔祥智．新中国 70 年的农村产权制度：演进脉络与改革思路［J］．理论探索，2019，240（6）．

［19］管洪彦．论农村集体经济组织收益分配的基本原则和制度构造［J］．学习与探索，2022，329（12）．

[20] 郭凤鸣，张世伟．最低工资标准对农民工工资和工作时间的影响 [J]．统计与决策，2017，487（19）．

[21] 韩俊．以习近平总书记"三农"思想为根本遵循实施好乡村振兴战略 [J]．管理世界，2018，34（8）．

[22] 郝二虎，胡凯，陈小萍．农村基础设施存量的增收效应——基于全国30个省级面板数据的分析 [J]．农村经济，2015，390（4）．

[23] 何安华，孔祥智．中国城镇化进程中的地价"剪刀差"成因及测算（2002—2012年）[J]．河北学刊，2015，35（1）．

[24] 何传超．最低工资对城乡收入差距影响的实证分析 [J]．统计与咨询，2011，158（1）．

[25] 洪峰．抑制·保护·支持——对我国现阶段农产品价格政策选择的哲学思考 [J]．价格理论与实践，1997（11）．

[26] 华迎放，郭婕．城乡居民养老保险制度中长期发展展望 [J]．中国劳动，2020，436（4）．

[27] 黄晨熹．九十年代中国农村劳动力转移的特征、作用与趋势 [J]．人口研究，1998（2）．

[28] 贾婧，柯睿．免费义务教育政策与农村人力资本积累——基于CFPS的实证研究 [J]．教育与经济，2020，153（1）．

[29] 贾伟，辛贤．农村劳动力转移对国民经济增长的贡献 [J]．中国农村经济，2010，303（3）．

[30] 李宝值，杨良山，黄河啸，等．新型职业农民培训的收入效应及其差异分析 [J]．农业技术经济，2019，286（2）．

[31] 李敏．共享发展离不开制度保障 [J]．人民论坛，2019，621

（4）.

［32］刘晋祎．新时代我国共享发展制度体系构建的三重逻辑［J］.
贵州社会科学，2018，339（3）.

［33］刘秀梅，田维明．我国农村劳动力转移对经济增长的贡献分
析［J］.管理世界，2005（1）.

［34］罗润东，周敏．最低工资制度对农民工就业的影响研究［J］.
山东社会科学，2012，205（9）.

［35］罗小兰．我国城乡收入差距缩小的一个途径分析——以最低
工资为视角［J］.海南大学学报（人文社会科学版），2007，98（5）.

［36］彭小霞．农村土地流转助推农民增收：机理、问题及实现路
径［J］.理论探索，2021，250（4）.

［37］齐明珠．中国农村劳动力转移对经济增长贡献的量化研
究［J］.中国人口·资源与环境，2014，24（4）.

［38］尚旭东，常倩，王士权．政府主导农地流转的价格机制及政
策效应研究［J］.中国人口·资源与环境，2016，26（8）.

［39］申莹．农民工失业保险问题研究［J］.劳动保障世界，2019，
540（20）.

［40］宋扬，杨乃祺．最低生活保障制度的瞄准效率与减贫效果分
析——基于北京、河南、山西三地的调查［J］.社会保障研究，2018，
59（4）.

［41］孙钎．农业补贴政策收入分配效应的实证分析——以黑龙江
省为例［J］.学习与实践，2014，368（10）.

［42］唐润芝．龙头企业与农户的联结模式及利益实现［J］.重庆

社会科学，2011，205（12）．

[43] 王广慧．职业技能培训对农民工收入的影响——基于个体基本技能差异的分析［J］．东北师大学报（哲学社会科学版），2023，322（2）．

[44] 王国华，李克强．农村公共产品供给与农民收入问题研究［J］．财政研究，2003（1）．

[45] 王阳．加快健全城乡劳动者平等就业制度［J］．宏观经济管理，2013，358（10）．

[46] 王羽菲，祁占勇．新中国成立70年来我国农民职业教育培训的嬗变轨迹——基于政策与法律文本的分析［J］．职业技术教育，2019，40（36）．

[47] 翁贞林，唐文苏，谌洁．乡村振兴视野下农村集体经营性建设用地直接入市：演进逻辑、现实挑战与未来展望［J］．华中农业大学学报（社会科学版），2022，159（3）．

[48] 吴明娥．中国农村基础设施投入促进农民增收了吗？——基于结构性、空间性和异质性的三维视角［J］．经济问题探索，2022，481（8）．

[49] 徐增海．我国农民工资性收入波动及其环境因素的实证研究［J］．中国软科学，2011，246（6）．

[50] 许艳华．构建共享发展的制度保障体系［J］．中国特色社会主义研究，2016，130（4）．

[51] 杨丹，王晓丽，唐羽．农业补贴、农户增收与收入不平等［J］．华中农业大学学报（社会科学版），2020，149（5）．

[52] 杨娟,李实.最低工资提高会增加农民工收入吗?[J].经济学(季刊),2016,15(4).

[53] 杨云善.保障农民工同工同酬问题研究[J].中州学刊,2014,214(10).

[54] 张世伟,杨正雄.最低工资标准能否促进农民工工资持续增长[J].财经科学,2019,380(11).

[55] 张世伟,杨正雄.最低工资标准提升对农民工工资分布的影响[J].吉林大学社会科学学报,2018,58(3).

[56] 张天娇.共享发展理念下深化我国收入分配制度改革的目标与政策建议[J].当代财经,2021,443(10).

[57] 张秀生,柳芳,王军民.农民收入增长:基于农村公共产品供给视角的分析[J].经济评论,2007,145(3).

[58] 张雪绸.农村公共产品供给与农民收入问题研究[J].农村经济,2005(10).

[59] 张占贞,王兆君.我国农民工资性收入影响因素的实证研究[J].农业技术经济,2010,178(2).

[60] 赵德昭,耿之斌."授人以渔"有效吗?——农民工职业培训的工资效应检验[J].财经研究,2020,46(8).

[61] 钟真,涂圣伟,张照新.紧密型农业产业化利益联结机制的构建[J].改革,2021,326(4).

[62] 周冰,万举.经济机会与农民在经济转型中的收入增长[J].学术月刊,2006(10).

[63] 周振,伍振军,孔祥智.中国农村资金净流出的机理、规模

与趋势：1978—2012 年［J］. 管理世界，2015，256（1）.

［64］朱青，卢成. 财政支农政策与农民收入的实证研究——基于农业补贴的视角［J］. 暨南学报（哲学社会科学版），2020，42（3）.

［65］潘文轩. 以有效的制度安排促进共享发展［N］. 文汇报，2015-11-29（A6）.

［66］许英杰. 我国最低工资制度实施效果和完善建议［N］. 中国劳动保障报，2017-07-15（A3）.

［67］申云. 农地使用权流转定价机制研究［D］. 江西农业大学学位论文，2016.

［68］孙明慧. 共享发展视阈下中国收入分配制度改革与反思［D］. 吉林大学学位论文，2017.

［69］王永龙. 中国农业转型发展的金融支持研究［D］. 福建师范大学学位论文，2004.

二、英文文献

［1］DWORKIN, RONALD. What is Equality? Part 1：Equality of Welfare［J］. *Philosophy and Public Affairs*，1981，10（3）.

［2］BECKER G S. Investment in Human Capital：A Theoretical Analysis［J］. *Journal of Political Economy*，1962，70（5）.

［3］SJAASTAD L A. The Costs and Returns of Human Migration［J］. *Journal of Political Economy*，1962，70（5）.

［4］NEUMARK D，SCHWEITZER M，WASCHER W. Minimum Wage Effects throughout the Wage Distribution［J］. *Journal of Human Re-*

sources, 2004, 39 (2).

［5］HUTCHENS R. Numerical Measures of Segregation: Desirable Properties and their Implications ［J］. *Mathematical Social Sciences*, 2001, 42 (1).

［6］SCHULTZ T W. Investment in Human Capital ［J］. *The American Economic Review*, 1961, 51 (1).

后 记

共享发展理念将实现人民幸福作为发展的目的和归宿，集中体现了以人民为中心的发展思想，是有利于实现好维护好最广大人民根本利益的发展理念。让人民群众共享经济发展成果，是扎实推动共同富裕的必然要求，已成为全面建设社会主义现代化国家、实现中华民族伟大复兴中国梦的目标指向。由于我国城乡发展不平衡的现实国情，农民共享经济发展成果不充分的问题比较突出，是当前贯彻落实共享发展理念的一块明显短板。

收入分配是农民共享经济发展成果的主要途径之一。党中央历来重视农民收入问题，千方百计通过促进增收使农民更多分享发展红利。习近平总书记明确指出"增加农民收入是三农工作的中心任务"，多次要求"加快构建促进农民持续较快增收的长效政策机制，让广大农民都尽快富裕起来"。要实现上述目标，使农民在收入分配环节更好共享经济发展成果，离不开有效的制度安排。因此，如何以合理的制度安排让农民通过收入分配更好共享经济发展成果是一个值得研究的重要课题，作者正是从这一问题出发开始本书写作的。

本书的创作得到了上海市社科规划中青班专项课题的资助。由于研究内容涉及面较广、理论联系实际要求较高，外加由于疫情、挂职锻炼等原因中断了一年多时间，从设计提纲、搜集资料到完成全书写作历时五年。呈现在读者面前的这本专著，正是经过漫长、艰辛探索后的最终研究成果，其中的部分内容作为阶段性成果，已在一些学术期刊与报纸上公开发表。在本书完成之际，要感谢我所在单位中共上海市委党校对本课题研究的大力支持，同时也要感谢家人对我从事学术科研工作的理解与长期支持。

尽管作者努力追求高质量的成果，但囿于理论学识与实践经验方面的局限性，再加上部分资料数据难获得等客观因素制约，本书依然存在一些不完善之处（特别是实证研究较薄弱），请读者不吝批评指正。在本书基础上，作者今后还将继续深入研究农民收入与共享发展问题，力求为改善民生福祉、实现共同富裕贡献更多更好的智力成果。

潘文轩

2023 年 8 月于沪